幼児期と歴史

経験の破壊と歴史の起源

Infanzia e storia: Distruzione dell'esperienza e origine della storia

Giorgio Agamben

幼児期と歴史

経験の破壊と歴史の起源

ジョルジョ・アガンベン

上村忠男＝訳

岩波書店

INFANZIA E STORIA
Distruzione dell'esperienza e origine della storia
Nuova edizione accresciuta

by Giorgio Agamben

First published 2001 by Giulio Einaudi Editore S.p.A., Torino.

This Japanese edition published 2007
by Iwanami Shoten, Publishers, Tokyo
by arrangement with Giulio Einaudi Editore S.p.A., Torino
through The English Agency (Japan) Ltd., Tokyo.

幼児期と歴史

目次

序　言語活動の経験*

書かれた作品はすべて、まだ書かれていない作品のプロローグ(あるいはむしろ蠟型のようなもの)とみなすことができる。それが必然的にそのようなものであらざるをえないのは、それと比べると、それ以後の作品は(それらも他のまだ存在しない作品のプロローグないしは原型であるのだが)いずれもその破片ないしはデスマスクでしかないからである。このようなわけで、まだ存在しない作品は、厳密にいえば、クロノロジーのなかに位置づけることはできないものではあるが、すでに書かれた作品を、現在しないテクストの序論ないしは補遺、あるいは一般に解読不能なエルゴン(ergon)〔作品〕のかたわらに置いてはじめて真の意味を見いだすパレルゴン(parergon)〔付録〕として構成する。書かれた作品というのは、モンテーニュのみごとなイメージによれば、まだ完成されていない肖像画を縁取っているグロテスク模様の額縁のようなものなのだ。あるいは、偽プラトン書簡の意図しているところによれば、あるひとつの不可能な書物をまねてみせたものなのである。

したがって、本書の初版が出てから何年も経って、本書をあらためて読者に紹介するための最良の方法は、本書がその序文をなしている、書かれていない作品の要点を素描してみることであろう。そして、つぎには、できることなら、その書かれていない作品の事後的な遊び(après-ludes)である、それ以後の諸著作に送付することなのかもしれない。じっさい、『インファンティアと歴史』(一九七七年〔一九七八年〕)と『言語活動と死』(一九八二年)のあいだの時期に書きつけられた多くのノートが、いまだに頑固にも書かれないままになっている当の作品の計画がどのようなものであったのかを物語っている。この作品のタイトルは、『人間の声』である。あるいは、別の覚え書きによれば、『エチカ、あるいは声について』である。あるノートはつぎのように書き出されている。

「人間の声は存在するのか。ミンミンというのが蟬の声であり、イーアンというのが驢馬の声であるように、人間の声であるといえるような声は存在するのだろうか。存在するとして、この声は言語活動なのだろうか。音声と言語活動、フォーネーとロゴスとの関係はどのようなものなのか。人間の声のようなものが存在しないならば、どのような意味において人間はなおも言語活動をもった動物として定義されうるのか。わたしたちが立ててきたもろもろの問いは、あるひとつの哲学的な設問の範囲を確定する。じつのところ、古来の伝統によれば、音声およびその分節化の問題は、すぐれて哲学的な問題であったのだ。「音声については、哲学者たちほど多く論じている者はだれもいない」とセルウィウス〔四世紀のラテン語文法家〕にはある。また、言語活動にかんする西洋の省察に決定的な衝動をあたえてきたストア派にとっては、音声は弁証法の根元であった。ところが、哲学は音声の問題を主題的に提起することをこれまでほとんどしてこなかったのである。……」。

まさしくインファンティア(infantia)〔言語活動をもたない状態〕にかんする省察が著者を人間の声にかんする(あるいはその欠如にかんする)探究へと導いていったのは、じつに意義深いことである。本書で問題になっているインファンティアというのは、たんに、そのクロノロジー的な場所を孤立してとりだすことのできるような事実ではない。また、心理学や考古人類学が言語活動とは独立の人間的事実として構築するかもしれないような身体-心理的な時代ないしは状態のようなものでもないのである。

思考のランクというものが、それが言語活動の限界の問題をどのように分節するかによって測られるとするなら、そのときには、インファンティアの概念こそは、この限界を、口で言い表せない(ineffabilis)というありふれた概念とはちがった方向において思考しようとするこころみなのだ。じっさい、口で言い表せない、発表されない、というのは、いずれももっぱら人間の言語活動に内属するカテゴリーである。それらは言語活動の限界を画するどころか、その打破しがたい前提力を表現しているのであって、言いえないものというのは、まさしく、言語活動がなにものかを指示するために前提にしなければならないもののことなのである。逆に、インファンティアの概念は、ベンヤミンがブーバーへの手紙のなかで語っている、「言語活動における言いえないものの純然たる消滅」を達成した思考にのみ、接近可能である。言語活動が指示しなければならない、他にかけがえのないものというのは、言いえないものではなくて、最大限言いうるものなのだ。すなわち、それは言語活動というものそのものにほかならないのである。

＊

このため、本書においては、インファンティアは、その論理的な場所を経験と言語活動の関係の陳述のうちに見いだす。ここで問題にされる経験は、来たるべき哲学についてのベンヤミンの綱領の示唆するところにしたがって、「超越論的経験」という――カントからすれば断固として提唱しがたいものであった――言葉によってのみ定義しうるような経験であるということができる。

現代思想の最もさし迫った任務のひとつは、たしかに、超越論的なものの概念を言語活動との関係において定義しなおすことである。じじつ、カントが超越論的なものの概念を分節することができたのは、言語活動の問題を立てるのをなおざりにしたかぎりにおいてであったというのが真実であるとすれば、これにたいして今日では、「超越論的」とは、ただ言語活動のみにささえられた経験、そこにおいて経験されるのが言語自身であるような、言葉の本来の意味においての〈言語活動の経験〉(experimentum linguae)をこそ、指すのでなければならない。『純粋理性批判』の第二版への序文で、カントはもろもろの対象を「それらが思考されているかぎりで」考察するというこころみを〈純粋理性の実験〉(Experiment der reinen Vernunft)として提示している。それは、自然科学におけるように、対象についてなされる実験ではなくて、わたしたちがアプリオリに想定している概念と原則についてなされる実験であるという(それらの対象は「ともかくも思考されているはずである」と彼は付け加えている)。

ベンノ・エルトマン〔アカデミー版カント全集の編者のひとり〕によって〔『カント「純粋理性批判」への補足』(一八八一年)において〕公表された断片のひとつにおいて、この実験は純粋理性の「孤立化」というように描かれている。

「わたしの意図は、どれほど理性がアプリオリに認識しうるのか、また、どこまで理性の感性からの独立は拡大されるのかを探究することである。……この問題は重要かつ重大である。なぜなら、人間に、理性にたいする彼の運命はなんであるかを示してくれるからである。この目的を達成するためには、理性を孤立化し(die Vernunft zu isolieren)、ひいては感性をも孤立化し、アプリオリに認識しうるもの、およびそれの理性の範囲への帰属のみを考察する必要があるとわたしはかんがえる。この孤立した考察(diese abgesonderte Betrachtung)、この純粋哲学(reine Philosophie)は、大いに有益である」。

カントの思考の動きを注意深く追ってさえいけば、純粋理性の実験が〈言語活動の経験〉以外のものではありえないことが判明するのであって、それはかくかくしかじかの超越論的対象をカントが「対象をもたない空虚な概念」と呼んでいるもの(たとえば、ヌーメノン)、すなわち、現代言語学なら、なんらの指示対象ももたない語というだろうもの――それでも超越論的意味(Bedeutung)は保持している、とカントは書いている――をつうじて名指しする可能性にのみ根拠を置いているのである。

このタイプの〈言語活動の経験〉がインファンティアなのだ。そこでは、言語活動の限界は言語活動の外部、その指示対象のほうに探し求められるのではなく、言語活動そのものの経験のうちに、その純粋の自己言及性のうちに求められる。

*

だが、そのような経験はなんでありうるのか。ある対象についてではなく、言語活動そのものについて、経験するというようなことがどのようにしてできるのだろうか。しかも、言語活動といっても、なにかを意味しているあれこれの命題についてではなく、ひとが語っているという、言語活動が存在するという、ただそれだけの事実について、それを経験するということが。

著者にとって彼の思考の動機を規定している問いというものが存在するならば、右の問いが確定している範囲がそっくりそのままわたしの仕事が向かおうとしている範囲と合致する。すでに書いてきた本やまだ書いていない本において、わたしが執拗に思考しようとしてきたのは、ただひとつのことでしかない。すなわち、「言語活動が存在する」とはどういうことなのか、「わたしが語っている」とはどういうことなのか、というのがそれである。それというのも、明らかに、〈語っている〉ということも、それに対象の側から対応する〈言われている〉ということも、こちらはこの属性で、あちらはこの属性、といったふうに(「赤い」というのが、フランス人、老人、共産主義者を指すといった具合に)同定しうる、物にかかわる述語ではないからである。それらは、むしろ、この言葉が中世の論理学においてもっている意味においてのトランスケンデンティア(transcendentia)〔超越概念〕、すなわち、あらゆるカテゴリーを、それぞれのうちにとどまりながらも、超越している述語なのだ。もっと厳密にいえば、それらは、元 - 超越概念としてかんがえられなければならない。あるいは、カントがとりあげなおしているスコラの命題(「ともかく存在するものは、一であり、真であり、善もしくは完全である」)にうたわれているところによれば、超越概念そのものを超越しながら、そのそれぞれのうちに含まれているという、第二権能の超越概念としてかんがえられなければならないのである。

それゆえ、〈言語活動の経験〉を達成する者は、まったく空虚な次元——カント的限界概念である「空虚な空間」(leerer Raum)——に身をさらさなければならない。そこでは、みずからの前には、言語のたんなる外面性しか存在しない。フーコーが彼の哲学的に最も濃密な著作のひとつにおいて語っている、「言語がその剝き出しの状態のままに陳列されている」姿しか存在しないのである。思考する者はすくなくとも一度はこのような経験をしたことがあるのではないだろうか。それどころか、わたしたちが思考と呼んでいるものは、端的にいって、この〈言語活動の経験〉のことなのではないだろうか。

ハイデガーは、『言語活動の本質』にかんする講演のなかで、この意味において、「言語活動との経験をする」(mit der Sprache eine Erfahrung machen)ということを語っている。彼によれば、わたしたちがこの経験をするのは、まさに、名前がわたしたちから欠如してしまうとき、言葉がわたしたちの口唇の上でこなごなに砕け散るときでしかないという。このようにして言葉が砕け散ることは、「思考の途上での一歩後退」なのだ。これにたいして、インファンティアの賭けは、言語活動について、たんなる無言あるいは名前の欠如でしかない経験ではなくて、その論理を示唆し、その場所と定式をすくなくともある点までは提示することのできる経験が可能であるということである。

＊

『インファンティアと歴史』においては、そのような超越論的経験の場所は、ラングとパロール(あるいはむしろ、バンヴェニストの用語を借りていえば、記号論的なものと意味論的なもの)の差異のうちにある。これは、言語活動にかんするあらゆる省察がとりくまざるをえない、避けて通ることのできない差異なのだ。この二つの次元のあいだには移行点が存在しないことを明らかにすることによって、バンヴェニストは言語活動の科学を(そして、それとともに、言語学がパイロット学をなしていた人間諸科学の全領域を)、このうえないアポリアへと直面させていったた。これを超えては、それは哲学に変容することなくしてはもはや前へ進んでいくことはできないのである。なぜなら、明らかにその言語活動の経験がつねにすでにラングとディスクールとに分裂して現れていないような存在、すなわち、つねにすでに語っているような存在、つねにすでに分割されることのないラングのなかにあるような存在にとっては、認識も、インファンティアも、歴史も存在しないだろうからである。そのような存在は、すでにつねに直接その言語的本性に結びつけられているだろう。そして、知識とか歴史といったものが生み出されうるような断裂や差異をどこにも見いだすことがないだろう。それゆえ、ラングとディスクールへの二重の分節化は、人間の言語活動に特有の構造をなしているもののようにおもわれる。そして、この分節化から出発することによってはじめて、アリストテレスの思想が西洋の哲学と科学に遺産としてのこしたデュナミスとエネルゲイア、潜勢力と現勢態の対置は、その本来の意味を獲得するのである。潜勢力——あるいは知ること——とは、剥奪との関係のもとにあって自己を保存しようとする特殊に人間的な能力である。そして、言語活動は、ラングとディスクールに分裂しているかぎりで、この関係を構造的に保存しており、この関係以外のなにものでもないのである。人間は、たんに知るだけの存在でもなければ、たんに語るだけの存在でもない。たんなるホモ・サピエンスでもなければ、たんなるホモ・ロクエンスでもない。そうではなくて、ホモ・サピエンス・ロクエンディなのだ。知り、そして語ることのできる(したがって、語らないこともできる)存在なのだ。この絡み合いをもって、西洋人は自分自身を了解するさいの様式としてきたのであり、知識と技術の基礎に置いてきたのであった。人間の能力の発揮する先例のない暴力は、その最終的な根をこの言語活動の構造のうちにもっている。この意味においては、〈言語活動の経験〉において経験されるものというのは、たんに言うことの不可能性ではない。むしろ、それはラング、か、ら、出発して語ることの不可能性なのだ。すなわち、語ることの能力ないしは潜勢力そのものの――ラングとディスクールの差異のなかに、インファンティアのままに住まうことをつうじての――経験なのである。超越論的なものの問題を立てるということは、究極的には、「能力をもつ」とはなにを意味するのか、「なしうる〔能う〕」という動詞の文法はなにか、と問うことにほかならない。そして、唯一の可能な回答は、言語活動を経験することなのである。

＊

しかしながら、声にかんするまだ書かれていない作品のなかでは、この超越論的経験の場所は、むしろ音声と言語、フォーネーとロゴスの差異のうちに探し求められた。この差異こそがエチカの固有の空間を開示するものと見なされたのである。多くのノートがこの見通しのもとで『政治学』のつぎのくだり(1253a10-18)を転写している。そのくだりでアリストテレスは、ほとんどそれと気づくことなく、この決定的な問題を提起し、それを解釈しようとこころみている。

「動物のうちで人間だけが言語活動をもっている。じっさい、音声は苦痛と快楽のしるしである。このために、それは他の動物にも属している（じつのところ、それらの本性は苦痛と快楽の感覚を所有して、それらをたがいに交信しあうまでにいたっているのである）。これにたいして、言語活動は都合の良いものと都合の悪いもの、そしてまた正しいものと正しくないものを表明しようとする。これは他の動物にくらべて人間に特有のものであり、人間たちだけが善と悪、正と不正、そしてまたその種の他のことどもについての感覚をもつのである。そして、これらのことどもの共同性（コイノニア）が家（オイキア）と都市（ポリス）をつくるのである」。

　アリストテレスが、『命題論』〔第一章 16a〕のなかで、言語による指示作用を、音声から魂における苦悩へと、そしてさらには事物へと送付することをつうじて定義するとき、彼はたんにフォーネー（phōnḗ）とはいっておらず、タ・エン・テー・フォーネー（ta en tē phōnē）、すなわち、音声のうちにあるものという表現をもちいていることは、おそらく十分には注意されてこなかったのではないだろうか。人間の声のうちにあって、動物の声からロゴスへの、自然からポリスへの移行を分節するものとは、なんであるのか。アリストテレスの答えはよく知られている。その声を分節するものは、グランマタ（grammata）、文字であるというのである。たとえば、古代の文法家たちは、彼らの論述を始めるにあたって、まず動物たちの混濁した声（フォーネー・シュンケキュメネー＝phōnḗ synkechyménē）を人間の声に対置させるのをつねとしていた。人間の声のほうはエナルトロス（énarthros）、すなわち分節されているというのであった。しかし、この人間の声の「分節された」性格がそもそもどこに起因するのかとたずねてみると、彼らにとっては、フォーネー・エナルトロスとは、たんにフォーネー・エングランマトス（phōnḗ engrámmatos）、ウォークス・クアエ・スクリービー・ポテスト（vox quae scribi potest）、書くことのできる音声、あるいはむしろ、つねにすでに書かれている音声を意味しているにすぎないことがわかる。すでに古代のアリストテレス註解者たちは、なぜアリストテレスは言語による指示作用の循環を説明する三つの「解釈者」（音声、魂における苦悩、事物）とならぶ第四の「解釈者」として文字を介入させたのか、と問うていた。そして、彼らは、文字が、他の三つとは異なって、声のたんなるしるしではなく、同時に、構成要素（ストイケイオン＝stoicheion）でもあるという事実のうちに、文字の特殊な地位を見てとっていた。こうして、声のしるしであると同時に構成要素として、文字は自己自身の指標（インデクス・スイ＝index sui）という逆説的な地位を引き受けることとなる。このようなわけで、文字とは、すでにつねにフォーネーとロゴスとの断裂を占領しているところのものなのであり、指示作用の本源的構造をなしているものなのである。

＊

わたしたちがまだ書かれていない本で立てていた仮説は、これとはまったく別のものであった。声と言語活動との断裂が（ラングとディスクールとの断裂や潜勢力と現勢態との断裂もそうであるが）エチカおよびポリスの空間を開示することができるのは、まさにフォーネーとロゴスのあいだにはアルトロス（árthros）、分節が存在しないからこそなのである。声はけっして言語活動のなかには書きとめられてはいない。そして、文字というのは（デリダの思想がつとに明らかにしてくれているように）自己前提と権能の形式そのものでしかない。声と言語活動とのあいだの空間は、カント的意味においての空虚な空間、限界なのだ。人間は、声によってそこに導き入れられることなく、言語活動のなかに投げ込まれているからこそ、〈言語活動の経験〉のなかで、「文法」なしに、この空虚、この音声なき状態にみずから身をさらすからこそ、エートスのようなもの、そして共同体が、彼にとって可能となるのである。

このため、〈言語活動の経験〉のなかで生じる共同体は、前提されたものの形式をもつことができない。自己を前提するという純粋に「文法的な」形式においてすら、そうである。〈言語活動の経験〉のなかでわたしたちが自分を測るさいの尺度になる〈語っている〉ということと〈言われている〉ということは、音声でも文字でもない。元‐超越論的なものとして、それらはなにか或るもの、プロティノスのみごとなイメージによれば、そのモイライ（moirai）、部分をつかまえることのできるような或るものとしてすら、思考することはできないのである。したがって、〈言語活動の経験〉から出てくる最初の結果は、共同体という理念自体の根本的な修正である。〈言語活動の経験〉の唯一の内容は、言語活動が存在するということなのである。そして、このことを、わたしたちは、わたしたちに、わたしたちの文化を支配してきたモデルにしたがって、言語とか、国家とか、それぞれの国民が世代から世代へと伝達している名前や規範の世襲財産として、表象することはできないのである。それはむしろ、人々がすでにつねにそこに住まっており、そのなかで、語りながら、呼吸をし、運動をしている、前提をもちえないままに非潜在的なかたちである在り方なのだ。ホモ・サピエンスの四万年におよぶ歴史にもかかわらず、人間はなおも真にこの非潜在的な在り方を引き受けようとこころみてはこなかった。その語る存在であるということの経験をしようとはしてこなかったのである。

自分たちのことを「異端派」と称していたあるクラブの会員たちを前にしておこなった、ただ一度かぎりの公けの講演で、ウィトゲンシュタインは彼なりに〈言語活動の経験〉を再提案してみせている。

「さて、世界の存在にたいして驚く経験を描写するのに、世界を奇跡として見る経験というように言うことにしましょう。いまわたしが言おうとこころみたのは、世界の存在の奇跡にたいする言語における正しい表現は、言語のなかにはなんらの命題もないにもかかわらず、言語活動そのものの存在である、ということだったのです」。

このウィトゲンシュタインの実験を続行してみよう。そして、こう質問してみよう。

「もし世界の存在の驚異にたいする最も適切な表現が言語活動の存在であるのならば、それでは言語活動の存在にたいする正しい表現はなんであるのか」と。

この質問にたいする唯一の可能な答えは、エートス、すなわち倫理的な生であるかぎりでの、人間の生というものである。この空虚で前提をもちえない共同体の高みにあるようなポリスとオイキアを探し求めること——これが到来する人類のインファンティア的任務である。

ジョルジョ・アガンベン

* この序は、本書のフランス語版(Payot, 1989)のために書かれた。

インファンティアと歴史

経験の破壊にかんする論考

クラウディオ・ルガフィオーリへ

おお、数学者よ、そんな誤ちに陥るなかれ！
霊には声がないのだ、声があるところは肉なのだから。

レオナルド

I

今日では、経験にかんするあらゆる言説は、経験とはもはやなにかしらわたしたちになおもなすべくあたえられているものではない、ということの確認から出発しなければならない。なぜなら、現代人は、ちょうどみずからの伝記を奪われてしまっているように、みずからの経験を剝奪されてしまっているからである。それどころか、経験をしてそれを伝達することができないということこそが、おそらく彼が自分自身にかんして思い通りにすることのできる数少ない確実な与件のひとつなのだ。すでに一九三三年に「「経験と貧困」というエッセイにおいて」、現代という時代におけるこの「経験の貧困」を正確に診断していたベンヤミンは、その原因を世界戦争のもたらした破局にあると指摘していた。その戦場から「兵士たちは押し黙ったまま……伝達可能な経験がいっそう豊かになってではなく、いっそう乏しくなって帰還してきたのだった。……というのも、このたびの戦争で戦略にかんする経験が陣地戦によって暴かれ、経済上の経験がインフレーションによって暴かれ、身体的な経験が飢えによって暴かれ、倫理的な経験が権力者たちの専横によって暴かれたほど、経験というものの虚偽が徹底的に暴かれたことはかつてなかったのである。鉄道馬車で学校に通った世代が、大空のもと、雲以外にはなにひとつ変貌しなかったもののない風景のなかに、足で立っていた。そして、その真ん中には、すべてを破壊する濁流と爆発の力の場のただなかにあって、ちっぽけでもろい人間の身体があるのみなのであった」。

けれども今日では、経験の破壊のために、とりたてて破局のようなものはなんら必要がないこと、大都市における平和な日常生活でも、この目的のためには十分であることを、わたしたちは知っている。現代人の一日は、なおも経験に翻訳しうるようなものを、もはやほとんどなにも含んでいないからである。途方もなく遠方から届く情報でいっぱいになった新聞を読むことだってそうだし、交通渋滞に巻き込まれて車を停止させながら過ごす何分間だってそうである。地下鉄の車両のなかに供えられている供物に想いを馳せてみることにしてもそうだし、道路を突然封鎖するデモにしてもそうである。官庁街をゆっくりと腐蝕していく催涙ガスの霧にしたってそうだし、どこでだかわからないが突然炸裂するピストルの弾丸の音ですらそうである。銀行かなにかの役所の窓口に行列したり、スーパーマーケットという夢の国を訪れることにしてもそうだし、エレベーターやバスのなかで見知らぬ人たちと押し黙ったまま、永遠のひと時をともにしていることにしてもそうである。現代人は、一日のうちで、種々雑多な出来事――気晴らしになる出来事や煩わしい出来事、めったにない出来事やありふれた出来事、辛い出来事や愉しい出来事――に出会い、くたくたになって夕方家に戻る。しかし、それらのうち、経験になるものはひとつとしてないのだ。

このように経験に翻訳することができないということこそが、今日——過去にはなかったほどまでに——日常生活を耐えがたいものにしているのであって、過去の生にくらべて、現代の生が質的に劣っているとか、無意味であるとかいったことが原因ではないのである(それどころか、おそらく今日ほど日常生活が有意味な出来事に満ちあふれていたことはかつてなかったといってよい)。このような日常的なものの抑圧の最初の文学的表現に出会うには一九世紀を待たねばならないとすれば、そして、日常的なものの「陳腐さ」にかんする、ハイデガーの『存在と時間』の有名な何頁かは——それのなかに両大戦間期のヨーロッパ社会は、過度なまでに自分の姿を見ようとする傾向があったのだが——、ほんの一世紀前にはなんの意味ももたなかっただろうとすれば、これはまさしく、日常的なものこそが——非日常的なものではなくて——あらゆる世代がつぎの世代に伝達していた経験の原料をなしていたからにほかならないのであった(中世の旅行物語や動物譚が信頼されなかったのはこのためであって、それらは「空想的なところ」が全くないからという理由で信頼されなかったのではなくて、そこで語られている非日常的な出来事はどのようにしても経験に翻訳できないものであることが明白であるからこそ、信頼されなかったのだった)。こうして、あらゆる出来事は、それがどれほどありふれていて、取るに足りない出来事であっても、そこに経験が真珠のごとくにみずからの権威を詰めこむ一片の不純物と化していたのであった。なぜなら、経験が必然的に関連しているのは、認識ではなくて、権威であるからである。すなわち、言葉と物語なのだ。ところが、今日では、経験を保証するのに十分な権威を自由に使える者は、見たところ、もはやだれもいないようである。また、自由に使えるとしても、みずからの権威の基礎が経験にあると申し立てようなどと思い立つ者もいない。逆に、現代という時代を特徴づけているのは、あらゆる権威はその基礎を経験しえないもののうちにもっている、ということなのである。そして、その正当化の唯一の称号が経験であるような権威を有効なものとして受け入れようなどとは、だれも思っていないのではないだろうか(若者たちの運動が経験の存在理由を拒否しているのが、その雄弁な証拠である)。

この結果、それまで経験が権威として立てられるさいの形態であった、格言とことわざは消滅してしまう。それらに取って代わってあらわれたスローガンはといえば、人類は経験を失ってしまった、という言い回しである。このことは、今日ではもはや経験は存在しないということを意味しているわけではない。しかし、それらの経験は、いまでは人間の外で遂行されている。しかも、奇妙なことに、人間はそれらの経験を安堵の念とともに眺めようとしているのだ。博物館や観光名所への訪問が、この観点からは、とりわけ示唆的である。この地上における最も偉大な驚異(たとえば、アルハンブラ宮殿にある「獅子の中庭」)を眼前にして、今日、人類の圧倒的多数はそれを〔じかに自分の目で〕経験することを拒絶している。〔自分の目で経験するのではなくて〕写真機がそれを経験してくれることのほうを好むのである。いうまでもなく、ここでは、この現実を嘆こうというのではない。ただ、心にとめておこうというにすぎない。なぜなら、おそらく、この外見のかぎりでは狂気じみてみえる拒絶の根底には、知恵のちいさな種が隠されているのではないかとかんがえられるからである。そして、その知恵の種のうちに、わたしたちは未来の経験のいまはまだ冬眠中の芽が胚胎しているのを占うことができるのである。この著作がみずからに提起する任務は、——「来たるべき哲学」についてのベンヤミンの綱領（一九一七—一八年）の遺産を受け継いで——この芽が成熟にいたりうる論理的場所を準備することである。

註解

「生における余計なもの」という題名をもつルートヴィヒ・ティーク（一七七三—一八五三年。ドイツの小説家・劇作家。ロマン派の驍将として名を馳せる）の物語には、あらゆる財産とあらゆる外的な活動をつぎつぎに放棄していって、ついには自分たちの部屋のなかに閉じこもって生活しようとするにいたる、ひと組の没落した恋人たちが出てくる。彼らは、最後にはもはや燃やす薪もなくなって、暖をとるために、彼らの部屋を家の残りの部分と繋いでいた木のはしごまで燃やしてしまう。こうして、彼らは外界からは完全に隔絶し、自分たちの愛以外には、いっさいの所有物もなければ、いっさいの職業もない。このはしごは経験である。それを彼らは「純粋認識」の炎の犠牲にしたのだ、とティークは示唆している。大家（彼は、ここでは経験の道理を代弁している）が戻ってきて、ふたりの若い間借り人に貸している部屋の階に繋がっていたはずのはしごを探していると、ハインリヒ（これが主人公の名前である）はほくそえみながら、こう言う。「やっこさんは、地上に存在する者の古い経験を支えにしようとしている。そして、はしごを一段また一段と昇りながら、より高い理解の高みまでゆっくりと動いていこうとしている。しかし、いずれにしても、わたしたちのとっているような直接的な直観の道をたどることはできないだろう。わたしたちは、いまではすでに経験と継起のこれらの陳腐な契機をいっさいがっさい廃棄して、パールシー教徒〔迫害を逃れてペルシアからインドに移住したゾロアスター教徒〕の古い掟にしたがって、万物を浄化し活かす炎とともに、純粋認識の道についているのだ」。

はしご、すなわち経験を取り除くことは、ティークによって、「運命が彼らに貧困の哲学を強いた」のだ、という理由で正当化されている。今日、若者たちが経験を拒絶しているのを説明してくれるのは、そのような「貧困の哲学」なのだ（しかしまた、経験を拒絶しているのは、若者たちだけではない。大都会に住むインディアンと観光客、ヒッピーと家長たちも、――自分たちが認める気があるだろう範囲をはるかに超えて――経験のおなじ剝奪に共同で参与している）。じつのところ、彼らは、いってみれば、そのことに気づかないでいるかぎり、空中を歩くことのできる、わたしたちが子供時代に読んだ漫画の登場人物のようなものであって、そのことに気づいたなら、経験をしたなら、そのとたん、彼らはたちまち地面にまっさかさまに墜落してしまうことにならざるをえないのである。

だから、彼らの状態は客観的には恐るべきものである。しかしながら、真正な経験の最後の可能性までをも破壊してしまったあとでは、それをもはや経験する能力のない青年層のせいにしている大人たちの世代の光景ほど、吐き気をもよおすものはない。実際には経験を奪われてしまっている人類に、さながら迷宮のなかを鼠どもに案内されていくような、操作された経験が強要されようとしているとき、すなわち、唯一可能な経験は恐怖か虚偽であるというとき、そのときには、経験の拒絶は——暫定的には——正当な防衛策でありうるのだ。

現在大衆化している麻薬中毒も、この経験の破壊という展望のもとで見てみなければならない。それというのも、今日の麻薬中毒者たちを一九世紀に麻薬を発見した知識人たちから区別しているものはなにかといえば、後者は(すくなくとも彼らのうちで最も正気に戻ることの少なかった者たちは)なおも新しい経験を遂行していると思いこむことができていたのにたいし、前者にとっては、いまやおよそいっさいの経験からの放免があるにすぎないからである。

ある意味では、経験の剝奪は近代科学の基本計画のうちにふくまれていたものであった。「〔単純な〕経験は、おのずから起こるものであれば、偶然と呼ばれ、意図して探究されたものであれば、実験と呼ばれる。しかし、この種の経験は、ばらばらになったほうきのようなものでしかない。それはたんなる暗中模索であって、人々が夜中によくやるように、正しい道が見つかりはしないかと、あちこち手探りして回っているようなものなのだ。しかし、こんな場合には、昼を待つか、明かりをともすかしてから、道をつきとめたほうが、はるかに有益で賢明であるだろう。そういった暗中模索とは反対に、経験の真の順序は、まずは明かりをともし、つぎにその明かりによって道を照らすというものである。整序され、よく消化されており、気まぐれや逆立ちしたものではない経験から出発して、そこから一般的命題を引き出し、そしてこんどはこうしてうちたてられた一般的命題から新しい実験へと進んでいくのである」〔『ノーウム・オルガヌム』八二〕。文中にある「ばらばらになったほうき」という言い回しは、キケロの「アッティクス宛て書簡」七・一三aに出てくる〕。このフランシス・ベーコンの文章において、すでに伝統的意味における経験――すなわち、格言とことわざに翻訳されるような経験――は、容赦なく断罪されている。事実の真理と理性の真理との区別(ライプニッツが「明日も太陽が昇るだろうと期待する人がいるなら、その人は経験派としてふるまっているのだ。今日までも、ずっとそうだったから、というわけである。天文学者だけが理性によって判断をくだす」〔「理性にもとづく自然および恩寵の原理」五〕と主張して定式化した区別)が、この断罪にさらなる認可をあたえる。それというのも、しばしばくりかえしいわれてきたところとは逆に、近代科学は伝統的に理解されてきた意味での経験にたいする先例のない不信から生じているのであった(ベーコンは伝統的な意味においての経験を「森」および「迷宮」と定義しており、そこに秩序を導入することを提唱している〔『ノーウム・オルガヌム』八二〕)。ガリレオの望遠鏡のなかに投げ込まれた視線からは、経験への確信と信頼ではなく、デカルトの懐疑と、わたしたちの感覚をあざむくことを唯一の仕事とするという邪霊についての彼の有名な仮説とが生じたのであった。

経験を実験――これは感覚的印象を、量的規定の厳密性のもとで演繹し、ひいては未来の印象を予見することを可能にしてくれる――というかたちで実現させて、科学的に検証可能なものにするということは、経験を可能なかぎり人間の外に、つまりは道具と数のなかに移し換えていくことによって、この確実性の喪失に応えようとするものである。しかし、このようにして、伝統的な経験は現実にはあらゆる価値を失っていたのであった。なぜなら――なおも経験に全面的に基礎を置いていたヨーロッパ文化の最後の作品、モンテーニュの『エセー』が証明しているように——、経験は確実性とは両立しえないものであり、経験がひとたび計算可能で確実なものとなってしまったなら、そのときにはその経験はただちに権威を失ってしまうからである。ひとは格言を定式化することはできないのであり、科学的法則が通用しているところでは物語を語ることはできないのである。モンテーニュが専念している経験は、科学へと差し向けられることはほとんどないものだったのであり、彼はその素材をむしろ「細工をほどこした作品に引き戻すことのできない、無定型の主題」であると定義しており、そこではいかなる恒常的な判断をうち立てることもできないものとみている(「わたしたちの存在にも、事物の存在にも、なにひとつ恒常なものはない。……したがって、確実なことはひとつとしてたがいに立証されない」〔第二巻第一二章「レーモン・スボンの弁護」〕)。

認識から分離された経験という観念は、今日のわたしたちにはまったく疎遠なものになってしまっており、このためわたしたちは忘れてしまっているが、近代科学が誕生するまでは、経験と科学とはそれぞれ固有の場所をもっていたのであった。それればかりか、それぞれが頼りとする主体も異なっていたのである。経験の主体は、各個人のうちに現在している共通感覚であった(これはアリストテレスのいう「判断の原理」であり、中世心理学のいうウィース・アエスティマーティウァ(vis aestimativa)〔判断力〕であって、なおもわたしたちが良識と呼んでいるものではない)。これにたいして、科学の主体は、ヌースないしは能動的知性であって、こちらのほうは経験から分離しており、「苦痛を感じることがなく」、「神的」である(それどころか、厳密にいえば、認識は「わたし」(ego)という近代的な意味においての主体すらもっていなかったのである。個人はむしろスブ‐イェクトゥム(sub-jectum)〔下に置かれたもの、基体〕であって、それのなかで、単一にして個人から分離した存在である能動的知性が認識を実現していたのであった)。

知性の単一性と分離性、およびそれと経験の諸主体との交通をめぐって、古代末期から中世にかけてアリストテレスの解釈者たちのあいだで交わされた論争の意味を見てとらねばならないのは、この経験と科学の分離というコンテクストにおいてである。その論争には難解なところはなにひとつない。それはいたって具体的な論争であったのだ。じつのところ、知性(ヌース)と霊魂(プシュケー)とは、古代思想にとっては(そして、すくなくとも聖トマスまでは中世思想にとっても)、同じものではなかった。知性は、わたしたちはそう考える習慣がついてしまっているが、霊魂のひとつの「能力」ではなかったのである。それは霊魂にはいかなる仕方においても所属しておらず、アリストテレスの有名な定式によれば、「分離していて、混ざり合ってはおらず、苦悩する〔受苦する〕こともない」(『霊魂論』第三巻五章 430a)。そして、認識を実現するためにのみ、霊魂と交通する。ひいては、認識の中心的な問題は、古代にとっては、主体と対象の関係の問題ではなく、一と多の関係の問題である。このため、古典古代の思想は経験それ自体の問題を知らない。わたしたちにとって経験の問題として提起されているものは、古典古代の思想においては、分離した知性と個々人、一と多、叡智的なものと可感的なもの、神的なものと人間的なものとの関係の問題としてあらわれている。そして、この相違をこそ、アイスキュロスの『オレステイア』のコロス（歌舞団）は――アガメムノンのヒュブリス（hýbris）〔思い上がり〕に対抗して――、人智とはパテイ・マトス（páthei máthos）〔悩みによって学ぶこと〕である、すなわち人間は、悩むことをつうじてのみ、そして悩んだあとではじめて、学ぶのだ、と歌うときに強調しているのであった。このようなとらえ方は、およそいっさいの予見の可能性、すなわち、なんらかの確実性をもって認識することの可能性を排除する。

この経験と科学、人智と神智の分離に、伝統的な経験（いうまでもなく、モンテーニュがかかずらわっている経験のことである）は、忠実でありつづけようとしている。それは、厳密には、これら二つの領域を分離している境界の経験である。そして、この境界は死である。このため、モンテーニュは経験の最終目的を死への接近として定式化することができるのだ。すなわち、経験の限界であるかぎりでの死を先取りすることをつうじて、人間を成熟へともたらすことこそが、経験の最終目的である、とモンテーニュはかんがえるのである。しかし、この境界は、モンテーニュにとっては、経験しえないものにとどまっており、ただ接近することのみが可能であるにすぎない（「わたしたちは、それ〔死〕と合体することはできなくとも、近づくことはできる」〔第二巻第六章「実習について」〕）。そして、死に「馴れ親しむ」こと、死から「疎遠さを取り除く」ことを勧めながらも（「死から疎遠さを取り除こう。死に馴れ親しもう。なによりもしばしば死を念頭におくようにしよう」〔第一巻第二〇章「哲学をきわめるとは死ぬことを学ぶこと」〕）、同時に、「時間の使い方がとても上手で、死ぬときにさえ、死の味を味わおうと努め、心を緊張させて、生から死への移り変わりがどんなものであるかを知ろうとした」哲学者たちを、「彼らとて、もう一度そこから戻ってきて、報告をしたわけではない」と諷刺している〔第二巻第六章「実習について」〕。

確実性を求めるなかで、近代科学はこの分離を廃棄し、経験をもって認識の場所——「方法」、すなわち道——となす。しかし、これをおこなうためには、それは経験の改鋳と知性の改革を遂行しなければならない。そして、経験からまずもってはもろもろの主体を取り除き、それらに代えて、ある単一の新しい主体を設定しなければならない。このようなわけで、近代科学のはたした偉大な革命は、権威にたいして経験を——〈言葉による論証〉(argumentum ex verbo)にたいして〈事物による論証〉(argumentum ex re)を——主張したことにあったというよりは(両者は、じっさいには、両立不可能なものではない)、認識と経験をある単一の主体に関連させたことにあったのである。それは、両者が抽象的なアルキメデスの一点において合致したものにほかならない。デカルトのいう「エゴ・コーギトー」(ego cogito)〔わたしは思考している〕、つまりは意識がそれである。

ある単一の主体(それは普遍的で苦痛を感じない存在であると同時に「わたし」でもあるので、分離した知性と経験の主体の属性を、みずからのうちに結合しなおしている)におけるこのような経験と科学の相互干渉をつうじて、近代科学はパテイ・マトス〔悩みによって学ぶこと〕からの解放と人智と神智の結合とをふたたび実現する。これらは、これまでは神秘的経験に特有の性格をなしていたのであった。そして、それらの前科学的な表現を占星術、錬金術、ネオプラトニズム的思弁のうちに見いだしていたのである。それというのも、古典哲学のうちにではなく、古代末期の神秘的宗教思想の領域のうちにおいてはじめて、人間的なものと神的なもの、パテイ・マトスと純粋科学の境界は、口に出しては言い表しえないパテーマ（pathēma）〔受苦・受難〕の観念において乗りこえることがなされていたからである。そこにおいて、秘儀の手ほどきを受けた者はみずからの死の経験を達成し（「生の目的を知る」とピンダロスは述べている）、かくては「死と成就された時間へと注がれた最も甘美な予見」を獲得するのであった。

変化と腐敗の場所である地球界とは分離した、変化と腐敗から免れた、純粋で神的な「知性」としての同心円的な天球というアリストテレスの考え方は、経験と認識を二つの自律した領域としてかんがえるような文化を背景に置いてのみ、その本来の意味を見いだす。一方、純粋な知性の「天」を個々人の経験の「地」との関連のうちに置いたことは、占星術の一大発見である。そして、このことは、占星術を近代科学の敵ではなくて、不可欠の条件となす。占星術が（それと連帯関係にある錬金術と同様に）、天と地、神的なものと人間的なものを「運命」において統一された主体において――オペラ（Opera）〔技〕において――結びつけていたからこそ、近代科学は、当時までは二つの区別された主体に頼っていた科学と経験を、新しい「わたし」において統一することができたのであった。また、ネオプラトニズム的・ヘルメス主義的神秘学が、ヌースとプシュケーのアリストテレス的分離、および一と多のプラトン的差異を、流出論的体系によって埋め合わせ、知性、天使、悪魔、霊魂の連続的なヒエラルキア（アヴィセンナとダンテの知性＝天使たちを想起されたい)が一者から出発して一者へと戻っていく「大いなる連鎖」において交通しあえるようになっていたからこそ、「実験的科学」の基礎に単一の主体を設定することが可能となったのである。叡智的なものと可感的なもの、非物体的なものと物体的なもの、神的なものと人間的なものとの、この口では言い表せない統合の普遍的な媒介者が、古代末期と中世の思弁においては、プネウマ(pneũma)=「気息」であったということ、このことはたしかにどうでもよいことではない。なぜなら、ほかでもない、この「幽《かそ》けき気息」——中世神秘学のスピリトゥス・ファンタスティクス(spiritus phantasticus)——こそは、デカルトにおいてまさにエスプリ(esprit)としてあらわれる、科学の新しい主体に、名前以上のものを提供することになるからである。近代哲学の展開は、そっくりそのまま、文献学者のレオ・シュピッツァーが「歴史的意味論」と定義したものの一章として、プネウマ—スピリトゥス—エスプリ—ガイスト〔精神〕の意味論的隣接関係において理解することができる。そして、ほかでもなく、経験と認識の近代的主体が——経験の概念そのものがそうであるのとおなじように——その根を神秘的な思想のうちにもっているからこそ、近代文化における経験と認識の関係を解明しようとすれば、そのこころみはことごとく、ほとんど乗りこえ不可能な困難に出会うことにならざるをえないのである。

じっさいにも、科学をつうじて、ネオプラトニズム的神秘学と占星術は、アリストテレスの分離した知性と腐敗することのない宇宙に抗して、近代文化のなかに入りこんでいく。そして、もし占星術がその後放棄されたとすれば(もっとも、放棄されたのは、あくまでも時代が下ってからのことであった。ティコ・ブラーエやケプラーやコペルニクスは占星術師でもあったこと、また、多くの面で実験的科学を先取りしているロジャー・ベーコンは占星術の熱烈な支持者であったことを忘れてはならない）、それは、その基本的原理——経験と認識の結合——が新しい主体の構成をともなった新しい科学の原理として同化吸収され、本来の神話的‐神占的装置のほうはもはや余計になってしまったからにほかならないのであった。わたしたちの文化の属性のごときものとなってしまっている合理主義と非合理主義の対立は、その隠された基礎をまさしくこのようにして占星術と神秘学と科学がもともと所属をおなじくしていたということのうちにもっているのである。ルネサンス期の知識人たちのあいだでの占星術のリヴァイヴァルは、その最も顕著な徴候である。歴史的には、この基礎は、人文主義者たちによる古代復興が古典古代の復興ではなく、古代末期の文化、とくにネオプラトニズムとヘルメス主義の復興であったという、ヴァールブルク派文献学の諸研究のおかげで、いまでは確固たるものとなっている事実と一致する。このため、神秘学、占星術、錬金術の批判は、必然的に、科学の批判となってあらわれざるをえない。そして、科学と経験とがそれぞれみずからの本来の場所をふたたび見いだすことのできるような次元が取り戻されてはじめて、合理主義と非合理主義の対立を最終的克服へともたらすことは可能となるのではないかとおもわれるのである。

しかし、経験と認識の一致は神秘家たちにとっては口では言い表しえない出来事をなしており、口が利けない存在と化した秘儀習得者の死と再生によって遂行されるものであったのにたいし、また、錬金術においては、それはオペラの過程で実現されるのであって、経験と認識とが一致することはオペラが達成されたことを意味していたのにたいし、科学の新しい主体においては、それはなにか口では言い表しえないものではなくて、つねにすでにあらゆる思考とあらゆる文言において言われているもの、すなわち、パテーマ（páthēma）〔感受されるもの〕ではなくて、言葉の元来の意味においてのマテーマ（máthēma）〔学習されるもの〕に転化している。すなわち、それは認識のあらゆる行為において、つねにすでに直接認識されているものなのであり、およそあらゆる思考の基礎および主体をなしているものなのである。

こうして——わたしたちは主体を実体的な心的内実をもったものとして、すなわち、心的過程の場所というように理解された意識として、わたしたちに表象することに慣れてしまっているので、いまでは忘れてしまっているが——、それが出現した当初には、新しい主体が実体的で「心的」な性格をもつものであるということは、けっして自明のことではなかったのである。じっさいにも、デカルトの定式化のなかで白日のもとにたちあらわれた瞬間には、それは心的な内実をもつものではなく（アリストテレスのプシュケーでもなければ、中世的伝統のアニマでもなく）、純粋のアルキメデスの点であって（「アルキメデスは、……確固不動の一点しか求めなかった」〔『省察』「省察二」〕）、まさしく思考するという純粋の行為を除いては、いっさいの心的内容のほとんど神秘的といってよい還元をつうじて構成されているのであった（「それでは、わたしが霊魂に属するものとしたものはどうであろうか。栄養をとるとか、歩行するとかは、どうであろうか。

わたしはすでに身体をもたないのであるから、これらもまたつくりごとでしかない。感覚することはどうであろうか。むろん、これも身体がなければおこなわれはしない。それにまた、わたしは夢のなかで非常に多くのことを感覚したつもりでいたのであるが、あとになってみると、わたしはそれらを感覚したのではないことに気がついた。では、思考することについてはどうであろうか。ここにわたしは発見する、思考がそれなのだ、と。これだけはわたしから切り離すことができない」(同右)。その本源的な純粋性のうちにあっては、デカルトの主体は、言葉のうえでの主体でしかない。それは純粋に言語的‐機能的な存在であって、中世神秘学でいわれる「シンデレシス(神と合一する霊魂の能力)の火花」および「知性の尖端」にきわめて似ており、その内実と持続はそれが言表される瞬間と一致するのである(「……わたしはある、わたしは存在する、というこの命題は、わたしがこれを言い表すたびごとに、あるいは心のなかに思い浮かべるたびごとに、必然的に真であるとして、これを立てざるをえないであろう。……わたしはある、わたしは存在する。これは確かなことである。しかし、どれだけのあいだなのか。もちろん、わたしが思考しているあいだである。なぜかというに、もしわたしがいっさいの思考をやめるならば、おそらくわたしはまた、ただちに存在することをまったくやめるということになるであろうからである」(同右)。

　この「わたし」が触知できず、実体をもたないものであることは、デカルトが「わたしは思考している、わたしは存在する」というたんなる言表の範囲をこえて、それを名指し、同定しようとこころみたとたん、困難に出会い、思考する「もの」(res)という言葉のあいまいさを放棄することを余儀なくされて、心理学の伝統的語彙集を列挙していき(「思考するもの(res cogitans)、すなわち、メーンス(mens)、もしくはアニムス(animus)、もしくはインテレクトゥス(intellectus)、もしくはラティオ(ratio)」(同右))、最後に、「メーンス」という言葉のところで、なお一抹の不安を残しながらも、たちどまっていることからうかがえる(この「メーンス」は一六四七年の『省察』フランス語版では「エスプリ」となる)。ところが、まもなく(論理の飛躍を犯して――この点でデカルトの立場に首尾一貫性に欠けるものがあることは、『省察』の最初の読者たち、とくにメルセンヌとホッブズもするどく見抜いていた。ホッブズは、デカルトにたいして、「わたしは散歩している、ゆえにわたしは散歩道である」に似た演繹をおこなっているといって非難している(「第三の論駁と答弁」))、この主体は、物質的実体に対置されたひとつの実体として提示されるようになり、この実体には新たに、感覚もふくめて、伝統的心理学のアニマ(霊魂)の特徴をなしていたすべての属性が帰属させられることとなる(「わたしとはなんであるのか。思考するものである。では、思考するものとはなんであるのか。むろん、疑うもの、理解するもの、肯定するもの、否定するもの、意欲するもの、意欲しないもの、また想像するもの、そして感覚するものである」(『省察』「省察二」))。そして、ヌースとプシュケー、経験と認識の結合を実現した、この実体的な「わたし」が土台となって、バークリからロックにいたるまでのその後の思想は、新しい形而上学的主体として、キリスト教心理学のアニマとギリシア形而上学のヌースにとってかわる心的意識の観念を構築していくこととなるのであった。
その主体の変容は、伝統的な経験をも、変化させずにはおかない。じっさいにも、その目的が人間を成熟へともたらすこと、すなわち、経験によって遂行される全体性の理念としての死の先取りへともたらすことであったかぎりでは、それは本質的に有限なものであった。すなわち、たんになすことができるだけでなく、もつことのできるものであった。しかし、これにたいして、ひとたび経験が科学の主体に関連させられてしまうと、科学というものは成熟に到達することはありえず、みずからの認識をつぎつぎに増殖させていくことができるだけなので、それは逆に本質的に無限のものへと転化する。カントなら「漸近線のような」というだろうもの、すなわち、なすことだけができて、けっしてもつことはできないものに転化するのである。それはまさしく、認識の無限の過程以外のなにものでもないのだ。

　このため、今日伝統的な経験を取り戻そうとする者はだれでも、逆説的な状況に身を置いていることになるだろう。それというのも、その者はまずもって、経験することを停止し、認識を留保することでもって始めなければならないだろうからである。しかし、だからといって、その者がこのことによってのみ、なすことができると同時にもつことができる経験をふたたび見いだしたということにはならない。じっさいにも、経験の古い主体はもはや存在しないのだ。経験の古い主体は、いまでは二つに分かたれている。経験の古い主体がいた場所には、いまでは二つの主体がいる。それら二つの主体を、一七世紀の初めに（すなわち、ケプラーとガリレオが彼らの発見を公にしたのとおなじ時期に）、一篇の長編小説（セルバンテスの『ドン・キホーテ』）が、冒険にみちた無益な探求の旅においてたがいに分かちがたく結ばれながら歩いている姿で、わたしたちに描いてみせている。

認識の古い主体を体現したドン・キホーテは、魔法をかけられていて、経験をけっしてもつことがないまま、ただなすことができるにすぎない。彼に付き添っている、経験の古い主体を体現したサンチョ・パンサは、経験をけっしてなすことができないまま、ただもつことができるにすぎない。

註解

1　空想と経験

経験の意義のなかに割りこんできた変化の程度を測るのに、その変化が空想の地位のうちに生みだした転倒ほど、それをよく示しているものはない。それというのも、空想は、今日では「非現実的」なものだということで認識から追放されてしまっている。これにたいして、古代にとっては、それは認識の卓越した媒体であったのだ。感覚と知性を媒介し、それがつくりだすファンタスマのもとで、感覚的な形態と可能的な知性との結合を可能にするものであるかぎりで、空想は、古代と中世の文化において、まさしく、わたしたちの文化が経験にあてがっているのとおなじ場所を占めているのである。なにか非現実的なものであるどころか、ムンドゥス・イマーギナービリス（mundus imaginabilis）〔可想界〕はムンドゥス・センシビリス（mundus sensibilis）〔可感界〕とムンドゥス・インテレギビリス（mundus intellegibilis）〔可知界・叡智界〕のあいだにあってその十全の現実性を有しているのであり、それどころか、両者の交通、つまりは認識の条件なのであった。また、空想こそが、古代人によれば、夢のイメージをつくりだすのであった。このことは、古代世界において、夢が（夢による占いのように）真理および（夢魔による医療のように）有効な認識とのあいだに取り結んでいる特別の関係をも説明してくれる。しかも、このことは、未開社会においては、現在でもなお真実である。ジョルジュ・ドゥヴルー〔一九〇八―八五年。ハンガリー生まれの文化人類学者〕が報告しているところによると、アメリカ・インディアンのモハヴェ族は（この点では他のシャーマニズム的文化を生きている人たちとなんら変わるところがない）、シャーマン的権能およびそれに関連した神話、技術、歌の知識は夢のなかで獲得されるとかんがえているという。それだけでなく、もし目覚めている状態で獲得されたなら、それらは夢のなかに入るまでは不毛で無効なままにとどまっているだろうというのである。「たとえば、ひとりのシャーマンが儀礼のさいに医療のために彼の歌う歌をわたしが書きとめ習得するのを許可してくれたが、その彼が説明するには、わたしは夢での習得をつうじて彼の歌を強化し活性化することをしていないので、わたしには彼とおなじように治療する力はないだろうというのであった」(『モハヴェ族の民族精神医学』)。

中世のアリストテレス主義がこの空想の媒介者的機能を要約している定式(「人間は空想することなくしてはなにひとつとして理解できない」)においては、空想と経験のあいだに存在する相応関係はなおいっそう明瞭である。しかし、デカルトおよび近代科学の誕生とともに、空想の機能は「エゴ・コーギトー」という認識の新しい主体によって引き受けられる(中世哲学の専門的用語集のなかでは、コーギターレ(cogitare)は、知性による理解の行為よりはむしろ空想を弁じ立てることを指すのに用いられていたことに注意すべきである)。新しいエゴと物体的な世界、〈思考するもの〉と〈延長するもの〉とのあいだには、なんらの媒介の必要もない。その結果生じる空想の剝奪は、その性質を特徴づける新しい様式となってあらわれている。空想は——過去には——なにか「主観的な」ものではなく、むしろ、主観的なものと客観的なもの、内的なものと外的なもの、可感的なものと可知的・叡智的なものとの一致を実現したものであったのにたいして、今日では、古代人が背景に配していたそれの奇遇的で幻惑的な性格が前面に躍り出ようとしているのである。ファンタスマは、経験の主体から、精神障害、幻想、魔術的現象の主体に転化する。すなわち、真正な経験からは排除されたままになっているすべてのものの主体へと変貌してしまうのである。

2　カヴァルカンティとサド（願望と欲求）

けれども、経験の範囲から空想が剝奪されたことは、経験に影を投げかける。この影は願望である。すなわち、経験というのは占有しえないものであり、尽きないものであるという理念である。それというのも、古典古代の心理学においてすでにはたらいていて、中世の文化によって余すところなく展開されることになる直感によれば、空想と願望とは密接に連関しているからである。それどころか、ファンタスマは願望の真の起源なのであるが（「空想とは、あらゆる願望を惹起するところのものである」）、それはまた――人間と対象とを媒介するものとして――、願望の対象の占有可能性の、ひいては最終的にはその充足の条件でもあるのだ。プロヴァンスと清新体派の詩人たちの手になる中世的な愛の発見は、この観点からみれば、愛は直接に感性的な事物を対象にもつのではなくて、ファンタスマを対象にもつということの発見なのであった。すなわち、単純に愛のファンタスマ的性格の発見であったのだ。しかし、空想のはたす媒介者としての性質からして、このことは、ファンタスマはエロースの主体でもあって、たんに対象ではないということを意味している。じっさいにも、愛はその独自の場所を空想のうちにもっているかぎりで、願望はみずからの前に物体のかたちをとった対象を見いだすことはけっしてなく（ここから、トゥロバドールと清新体派のエロース〔愛〕の見かけ上の「プラトニズム」が出てくる）、イメージ（この言葉がアラブの哲学者たちと愛の詩人たちにおいてもっている専門的な意味においての

「天使」、すなわち、物体から分離した純粋の想像、願望のおもむくままに天界を動くスブスタンティア・セーパラータ（substantia separata）〔分離した実体〕）を見いだすこととなる。文字どおり願望でできあがっている「新しい人格」（カヴァルカンティ〔一二五九?―一三〇〇年。清新体派を指導した詩人〕――「願望で新しい人格を形成しながら」）をみずからの前に見いだすこととなるのであって、そこでは、主観的なものと客観的なもの、非物体的なものと物体的なもの、願望とその対象の境界は廃棄されてしまっている。そして、まさしく、愛は、ここでは願望する主体と願望の対象の対立としてあるのではなく、ファンタスマのうちに、いってみれば、その主体‐対象をもっているために、詩人たちはその性格を（対象をただ消費することができるだけで、けっしてほんとうにそれと結合することはなく、けっしてそれを経験することのない「狂った愛」（fol amour）と対置して）「達成された愛」（fin'amors）と定義することができるのであって、その愛の享受には終わりがないのであった（「けっして終わることのない喜び」）。こうしてまた、彼らは、そのような愛をファンタスマのうちに個人と能動的知性の結合が達成される場所を見てとったアヴェロエス主義的理論と結びつけることによって、愛をひとつの救済論的な経験へと変貌させたのである。

しかし、これにたいして、ひとたび空想が非現実的なものとして経験から排除されてしまい、その場所がエゴ・コーギトー（これがいまや願望の主体、ライプニッツの言葉を借りるなら、「表象および欲求をもつもの」（ens percipiens ac appetens）に転化してしまった）によって占められてしまうと、願望はその身分を根底から変化させ、本質において、充足しえないものと化す。そして、かつては願望の対象の占有可能性を媒介し保証していた(すなわち、その経験をすることを可能にするものであった)ファンタスマのほうも、いまではその占有不可能性の(その「経験不可能性」の)暗号に転化してしまう。このため、サドにおいては(カヴァルカンティにおけるのとは異なって)、ファンタスマによって点火された願望する自我は(「その想像力をすこし高めなければならない」とサドの登場人物たちは繰り返している)、みずからの前に、消費し破壊することだけができて、けっして満足を得ることはない肉体、オブイェクトゥム(objectum)〔対象=もの〕のみをもつことになる。なぜなら、そこでは、ファンタスマは無限に逃げていき、姿を隠してしまうからである。

じっさいにも、経験の領域からの空想の切除は、エロースが(ポソス〔願望〕とペニア〔必要〕の息子として)みずからのうちに再結合していたものを、願望=desiderio(これは空想と結びついていて、どこまで行っても満足することがなく、計測不可能なものである)と欲求=bisogno(これは物質的現実と結びついていて、計測可能であり、理論的には満足することができるものである)とに切り離してしまい、両者が同一の主体において合致することはけっしてなくなってしまう。サドの人間が願望の主体としてみずからの前にしているものは、つねに、欲求の主体であるかぎりでのもうひとりの人間である。それというのも、欲求はみずからの願望が裏返しになった形態であり、その本質的外在性の暗号以外のものではないからである。ジュリエットが、自分が消化したものの残滓によって満足を得ようとする騎士の特別の願望について、「もしそれを望むなら、たった今、しっかりと覚えておいてください。あなたは願望をもち、わたしは欲求をもっているのです」と叫ぶとき、このエロースの分裂をこそ、彼女はきわめて濃密に表現しているのであった。

　ここから、サドの世界において、倒錯の必要性が生じてくるのであって、それは願望と欲求を合致させることによって、願望の本質的挫折を喜びに変容させてしまうのだ。なぜなら、倒錯者が認めているものはなにかといえば、それは自分の願望が(自分に属さないかぎりで)他人において欲求としてあらわれるということにほかならないからである。ジュリエットの主張に答えて、騎士はつぎのように言うことができたことだろう。「あなたが肉体的欲求の親密なる外面化と感じているものは、わたしが願望の外面化された親密性と感じているものなのです(ton besoin, c'est mon envie ; mon envie, c'est ton besoin)」と。サドにおいては、彼の登場人物たちの反復的恍惚状態のうちにかくも予言的に体現されている経験の剝奪にもかかわらず、享受があり、喜びがあるとするなら、彼の小説において、トゥロバドールと清新体派の詩の純粋にエデン的な計画が、ねじまがったかたちで、なおも生き残りつづけているとするなら、このことは倒錯のおかげなのである。倒錯は、サドのエロースにあって、清新体派の詩がファンタスマと女性＝天使に託していたのとおなじ役割を展開している。倒錯は、サドの人間を天まで持ち上げるためにエロースの血まみれの劇場から飛び立つ、救済の大天使なのだ。

願望と欲求の分裂ということは今日盛んに議論されているが、それは善意によって埋め合わせることのできるようなものではなく、いわんや、ますます盲目的になっていく政治的実践が一刀両断のもとに断ち切ることができると信じうるような結び目でもないことは、ヘーゲルの『精神現象学』における願望の状況(そして、ラカンが、いつもながらの鋭さをもって、そこから「対象**a**」(objet a)および「他者の願望」(désir de l'Autre)として抽出することができたもの)が雄弁に論証することにならざるをえないだろう。なぜなら、ヘーゲルにおいては、願望は(これは、意義深いことにも、自己意識の第一の契機として登場している)自己の対象を否定しようとすることだけができて、けっしてその対象のうえに自足することはないからである。じっさいにも、願望する自我は、他者を抑圧することをとおしてのみ、自己の安定を達成する。「自己意識は、この他者が無であると確信して、この無を自分の真理として自分にたいして立て、独立した対象を無化し、こうして、……自分についての確実性を得る。しかし、このようにして満足を得ているうちに、自己意識は、自分の対象が独立して存在していることを経験する。じっさいにも、満足は、この他者を廃棄することによってのみ生じる。そして、廃棄がなされるためには、その他者は存在していなければならないのだ。したがって、自己意識は、対象との否定的な関係をつうじて対象を廃棄することはできない。このようにして、自己意識はむしろ、願望がそうするのとおなじように、対象をふたたび生み出すことになる」(「**B**自己意識」)。

サドにおいては倒錯によって可能とされている享楽は、ヘーゲルにおいては下僕によって作動させられる。下僕は主人の享楽を媒介するのである。「主人は下僕を媒介にして物に関係する。下僕は、自己意識一般として、物にたいして否定的にふるまい、物を廃棄する。しかし、物は同時に自己意識にとっては独立の存在でありつづけており、自己意識は物を否定しようとする際にもそれを清算し廃棄してしまうことはできない。だから、下僕は労働によってそれを変化させるにすぎない。これとはちがって、主人にとっては、この媒介のおかげで、直接的な関係は、物そのものの純粋な否定、すなわち、享受に転化する。願望によっては実現されなかったものが、いまや、主人の享受=物との関係の清算=享受することによる満足によって実現されるのだ。願望は、物が独立した存在であるためにそのことを実現しえない。しかし、主人は、自分と物とのあいだに下僕を差し挟んでいるので、物の非独立性とのみ関係するのであり、それを純粋に享受するのである。物の独立性の面にかんしては、主人はそれを物に働きかける下僕にまかせる」(同右)。

しかしながら、サドの人間がその回答をグローバルな過程へと無限に先送りする弁証法的機械の大音響をつうじて立てつづけている問いは、まさしく、つぎのようなものなのだ。「奴隷の享楽についてはどうなのか。また、エロースの切り離された二つの目標をあらたに合致させることは、どのようにすれば可能なのか」。

3　経験、聖杯探求、冒険

経験の問題は中世の聖杯探求ものにおいて特別なしかたで現れている。なぜなら、中世キリスト教世界における経験と科学の関係は、アウトゥンのホノリウス〔一二世紀のキリスト教神学者〕が「原罪以前には、人間は善と悪を知っていた。善は経験によって(per experientiam)、悪は科学〔知識〕によって(per scientiam)。ところが、原罪以後は、人間は悪を経験によって知り、善は科学〔知識〕によってのみ知る」というように範例的なしかたで定式化している原則によって支配されているからである。探求(quête)、すなわち、善を科学によってしか知ることができない人間の、それを経験しようとするこころみは、科学と経験を同一の主体のなかで結合することの不可能性を表現している。このため、〔アーサー王伝説のなかで〕聖杯を見ることはしているが、その経験をする機会を逸してしまうパーシヴァルは、その聖杯の経験が言表しがたいものへと沈みこんでいくギャラハッドに劣らず、聖杯を探し求めての旅物語の象徴的人物なのだ。この観点からは、聖杯(すなわち、認識の断裂が固定され、科学と経験というふたつの平行線が交ざり合う、不可能な消失点)は、正しい人間的経験を、アポリアとして、すなわち、文字どおり、道の欠如(a-poria)として構成するものにほかならない。このために、聖杯の探求(quête)は実験的科学(scientia experimentalis)の正反対物なのである(しかし、そのようなものとして、それは実験的科学の予言をも内在させている)。実験的科学のほうは、その計画はすでに中世末期にロジャー・ベーコンによって夢想されており、やがてフランシス・ベーコンにおいてその成文化を見いだすこととなる。

じっさいにも、科学的経験が認識にいたる確実な道(méthodos)の構築であるのにたいして、聖杯の探求のほうは道の欠如(アポリア)が人間にとって唯一可能な経験であるということの承認である。しかし、おなじ理由から、聖杯の探求は、近代において経験の最後の避難場所として登場する冒険の反対物でもある。それというのも、冒険のほうは、経験への道が存在するということ、そして、この道は尋常でないものやエキゾティックなもの(日ごろ目にしているものやありふれたものに対置された)を通過していくということを前提にしている。これにたいして、聖杯探求の世界では、エキゾティックなものや尋常でないものはあらゆる経験の本質的アポリアの暗号であるにすぎないからである。このために、日ごろ目にしているありふれたもの(ラ・マンチャの村とその住民たち)を尋常でないものとして生きるドン・キホーテは、中世の聖杯探求ものに完全に対応した探求の主体なのだ。

4 デカルトの「暗闇の夜」

デカルトの「エゴ・コーギトー」の経験と神秘的経験との近さは、想像しうる以上に具体的である。わたしたちが現在手にしている資料に、『オリュンピカ』として知られるデカルトの覚え書きがあるが、そのなかで、彼は驚くべき発見の基礎をどのようにして理解しはじめたか(cepi intelligere fundamentum inventi mirabilis)を語っている。デカルトの最初の伝記作家で、この覚え書きを間接的なスタイルで転写したバイエによれば、「一六一九年一一月一〇日、その日驚くべき学問の基礎を発見したという思いから、興奮でいっぱいになって眠っていると、彼(デカルト)は一晩のうちにつづけて三つの夢を見た。それらの夢を彼は高いところから送りこまれたものでしかありえないとおもった。(三つの夢の話がつづく)」。なおも夢を見ているあいだに、デカルトは自分で自分の夢を解釈しはじめた。そして、目覚めてから、解釈を「感動にとらわれることなく、瞼を開いて」続行した。「二番目の夢のなかで襲ってきた驚きは、彼によれば(とバイエは書いている)、シンデレシスであった。すなわち、彼がこれまでの人生で犯したであろうかずかずの罪にたいする良心の呵責なのであった。彼がその轟音を聞いた稲妻は、彼を所有しようとして彼のうえに降りてきた真理の霊の合図であった」(『デカルト氏の生涯』一六九一年)。シンデレシスというのは、ここでは、たんに、バイエはそうかんがえているようであるが、良心の呵責ではなく、ルネサンスと中世のネオプラトニズム的神秘学の専門用語であって、霊魂の最も高くて繊細な部分を指しており、その部分は超感性的なものと直接に交通し、原罪によって堕落させられてはいない。おそらく、これらの頁には、「エゴ・コーギトー」のデカルト以後の経験のひとつの先取りと、わたしたちがあまりにもしばしばわたしたちの文化の敵対的な両極端としてかんがえる傾向にあるものが実質的には近い関係にあることのひとつの証拠をみることがゆるされるのではないだろうか。神秘的なシンデレシスと同様、「コーギトー」も、見てきたように、霊魂が一種の「暗闇の夜」をつうじてすべての属性とすべての内容を剝ぎ取られてしまったあとも、霊魂について残っているものなのだ。この「わたし」の超越論的経験の中核は、アラブの神秘家、アル・ハッラージュ〔八五八―九二二年〕によって範例的なかたちで表明されている。「わたしは〈わたし〉であって、もはや属性は存在しない。また、わたしは〈わたし〉であって、もはや資格は存在しない。……わたしは純粋な〈ことば〉の主体である」。

III

カントが経験の問題を設定するにさいして、可能な経験の内容を彼の時代の科学〔つまりはニュートン物理学〕と一体視しながら、あらたに経験の主体の問題を提起しているのは、このような背景のうえに位置づけてとらえる必要がある。じっさいにも、カントは、主体を単一の心的自我へと実体化してしまうことに反対して、〈わたしは思考する〉という、どのようにしても実体化したり心理化したりすることのできない超越論的主体を、「細心の配慮を払って」心理学意識あるいは経験的自我から区別することでもって、『純粋理性批判』における考察を開始している。

古い経験の主体は、ここでは、自動的に経験的自我として立ち戻ってきている。それは、「それ自体ばらばらであり、主観〔主体〕の同一性とは無関係である」〔B133〕。そして、そのようなものとして、真の認識を基礎づけることができない。それとならんで、あらゆる認識の条件として、〈わたしは思考する〉という超越論的意識、すなわち、意識の本源的な総合的統一が存在する。「これによって、わたしはわたしの表象の多様を同一的なわたし自身に帰属させることができる」〔B134〕のであり、それがない場合には、経験はけっして認識となることはなく、「知覚の寄せ集め」〔B195〕であるにすぎない。

　この二重性を単一の主体へと構成することは、カントによって、一方では、知的直観の排除をつうじて、他方では、合理的心理学の根底にある「心理学的誤謬推理」の批判をつうじて、はっきりと拒否される。それというのも、カントによれば、超越論的主体は、対象を認識することはできず（このために、すなわち、自己自身のうちには直観の能力がないので、それは感覚的経験によって提供される直観を必要とするのである）、ただ思考することができるにすぎないのとおなじように、自己自身を合理的心理学の対象となりうるような実体的な実在として認識することすらできないからである。主体の純粋に超越論的なありようが強調されたくだりで、彼は述べている。「わたしたちがこの学の根底に置くことができるのは、単純な、それ自体では完全に内容を欠いた、〈わたし〉という表象でしかない。そして、この表象については、それは概念である、と言うことすらできないのであって、それはあらゆる概念にともなうたんなる意識なのだ。ところで、思考するこの〈わたし〉、あるいは〈彼〉もしくは〈それ〉（Es）によっては、超越論的主体＝x以外のなにものも表象されない。〔しかしまた〕この超越論的主体は、その述語であるもろもろの思考によってのみ認識されるのであって、それだけを切り離しては、わたしたちはけっしていささかの概念もそれについてもつことはできない。したがって、わたしたちは、この超越論的主体をめぐって永遠の循環に陥っているのであって、それについてなんらかのことを判断するためには、わたしたちはいつでもすでにそれの表象を用いなければならないのである。これは不都合なことであるが、しかしまた、この不都合は超越論的主体から切り離すことのできないものなのだ。というのは、この意識それ自体は、個々の対象を識別する表象ではなくて、それが認識と呼ばれるべきであるかぎり、表象一般の形式であるからである。なぜなら、それについてわたしが言うことができるのは、それを介して、なんらかのことをわたしは思考する、ということだけであるからである」〔B404〕。「以上述べたすべてのことから言えるのは、合理的心理学はたんなる誤解をもとにしている、ということである。カテゴリーの根底に存する意識の統一は、ここでは、対象としてとらえられた主体の直観をつうじてとらえられており、これに実体のカテゴリーが適用されている。しかし、意識の統一は思考における統一にすぎないのであり、これのみによってはいかなる対象も与えられず、それゆえ、つねに与えられた直観を前提する実体のカテゴリーはそれには適用されることができない。したがって、この主体はけっして認識されることはできないのである」〔B421-422〕。

このようにして、カントは経験の問題を最も厳密に設定しようとした結果、その可能性を経験しえないものの定立をつうじて基礎づけることとあいなる。しかし、カントがあらゆる混同とあらゆる越境〔踏み越え〕にたいして執拗に自己の二重化を防衛しようとしていることは、彼が認識の可能性の条件自体をまさに一徹なまでの土地測量技師の仕事のうちに見ていたことを証明している。その土地測量技師の仕事というのは、「超越的なものと境を接しており、それゆえ、超感性的なものばかりでなく、まったく意味を欠いたものに陥る危険に置かれているところから、その名前を引き出している」超越論的次元をあらゆる面から限定しようとするものなのである。『純粋理性批判』は、経験の問題が、西洋形而上学の内部にあって、その純粋な形式において、すなわち、それにまつわる諸矛盾が隠蔽されるようなことなく、接近可能とされている最後の場所である。カント以後の思考がそれとともに始まる原罪は、超越論的主体と経験的意識を単一の絶対的主体へと再統合するということである。

たとえば、ヘーゲルは、『エンチクロペディー』において、カント哲学を、精神を意識としてのみ、すなわち、自己意識と経験的意識の対立においてとらえ、それゆえ、「即自的かつ対自的にある精神、すなわち、意識と自己意識の統一としての精神という概念に」到達することができなかったものとして提示している。そして、『精神現象学』——そのもともとのタイトルは『意識の経験の学』といった——の緒論からは、この統一からどのような経験概念が出てくるのかをつかみとることが可能となる。経験は、ここでは、たんに意識の様態ないしは道具ないしは限界であることをやめ、新しい絶対的主体の本質そのものに転化している。すなわち、経験はその新しい主体の弁証法的な過程、運動の構造なのだ。「意識が自分自身において、その知においてもその対象においても行使する、この弁証法的運動こそ、そこから意識にとって新しい真の対象が生まれてくるかぎりで、本来、経験と名づけられる当のものなのである。……意識は或るものを知っている。この対象は本質ないしは自体的なものである。だが、それはまた意識にとっての自体的なものである。そこで、この真なるものには、あいまいさが入りこんでくる。わたしたちは意識がいま二つの対象をもっているのを見る。ひとつは初めの自体的なものであり、つぎはこの自体的なものが意識にとってある存在である。後者は、さしあたり、意識がそれ自身へと反照したものであるにすぎないようにおもわれる。対象を表象したものではなくて、その初めの対象についての意識の知を表象したもののようにおもわれる。しかし、前にも言ったように、そのさいには、意識にとって最初の対象は変化している。それは自体的なものであることをやめており、意識にとって、たんにそれにとってのみ自体的なものとなるのである。しかし、そうなるといまや、この自体的なものの意識にとっての存在が真なるものであることになる。すなわち、これが本質ないしは意識の対象なのだ。この新しい対象は初めの対象が無であることを含意している。それは初めの対象にたいしておこなわれた経験なのである。……この事情は、ここではつぎのように現れる。すなわち、初めに対象として現れていたものは、意識にとって、それについての知へと下落し、自体的なものが自体的なものの意識にとっての存在となるのであって、このあとの自体的なものが新しい対象なのである。そして、この新しい対象とともに、意識の新しい形態が登場するのであって、この新しい形態にとっては、先行する形態にとってとは別のものが実在なのである。このような事情が、意識の諸形態の全系列をその必然性において導いているのだ。……この必然性によって、学にいたるこの道はそれ自身すでに学である。したがって、その内容からいえば、意識の経験の学である」。

正当にも、ハイデガーは、「意識の経験の学」という言い回しにおいて、〔「意識の経験」という〕

属格は主語的属格であって、客語的属格ではないと指摘している〔「ヘーゲルの『経験』概念」、『杣径』所収〕。「意識の経験の学」とはつぎのこと、すなわち、意識、新しい絶対的主体は、本質において、学にむかっての歩みであり、それ自体すでに学であるような経験(*ex-per-ientia*,「……から出て、そして……をつうじて進んでいくこと」)であるということを意味しているのである。すなわち、経験とは、ここでは、たんに意識の基本的特性の名称なのだ。その本質的な否定性、それがつねにすでにいまだ存在しないものであるということなのである。それゆえ、弁証法は外部からやってきて認識に付加されるようなものではない。そうではなくて、それは、新しい絶対的主体において(デカルト的な自我においてよりは、はるかにそこにおいて)、認識の本質がいまや経験の本質とどこまで同一化されているか、ということを表明しているのである。意識が弁証法的構造をもつということ、このことはそれが全体として所有されることはけっしてなく、その生成のグローバルな過程においてのみ、その「長い苦難」においてのみ、完全無欠であるということを意味している。伝統的な意味での経験のうちに、それが——見たように——つねに死の経験であったかぎりで、すでに含意されていた否定的性格は、ここでは、人間存在の構造そのものに転化する。

このため、経験はいまや最終的に、おこなうことだけができて、もつことはけっしてできない何ものかである。それは全体性として与えられることはけっしてない。グローバルな過程への限りない接近というかたちにおいてしか、けっして完全無欠ではありえない。ヘーゲルが『精神現象学』を締めくくるシラーの詩のなかで学問と歴史の〈絶対知〉における統合を定義するにあたって用いているイメージによれば、「限りないものの泡」なのだ。

この霊の国の盃より
泡立つは霊の限りなき姿

現代における弁証法の支配は、ヘーゲル的体系においてはそこにとどまっていた限界をはるかに超え出て、自然の弁証法を構築しようとしたエンゲルスのこころみを嚆矢に、経験の否定的で自分のものにすることはできない性格についてのこのようなとらえ方のうちに、その根をもっている。すなわち、わたしたちはなおも実質的には経験を剝ぎ取られた状態のもとで生きているのであって、弁証法は——ディア - レゲスタイ(dia-légesthai)、……をつうじて結集する、対話するものとして——、まさしく、それに統一の見かけを保証する任務を負っているのである。このため、弁証法の批判は、真にヘーゲル主義の束縛から自由になったマルクス解釈にとって今日課されている最もさし迫った任務のひとつなのである。ヘーゲル的主体(意識)の撤廃を宣言しておきながら、つぎに弁証法をつうじてその構造と本質的内容を保存しておくというのは矛盾しているというのが、実際そうであるように、真実であるとすればである。

超越論的自我と経験的自我のカント的対置を乗りこえたところで、そして主体を「プシュケー」へと実体化することによって、一九世紀の心理学も、一九世紀の中心的な神話をつくりあげる。古代形而上学を難破させてきたヌースとプシュケーの神秘的結合を具体的に実現した心理的-身体的自我というのが、それである。いわゆる科学的心理学は、グスターフ・テオドール・フェヒナー〔一八〇一―一八七年〕から、エルンスト・ハインリヒ・ヴェーバー〔一七九五―一八七八年〕、そしてヴィルヘルム・ヴント〔一八三二―一九二〇年〕にいたるまで、合理的心理学が主観を実体化することができないでいること（カントのいう心理学的誤謬推理）、そして経験的心理学が生理学の限界を乗りこえて主観に到達することができないでいることを迂回して、心理的現象とそれに付随する生理的現象との（たとえば、心の状態と大脳の状態、あるいは感性と刺激との）並行関係から帰結する意識の事実の学としてみずからを構築しようとする。しかし、まさに心理的現象と生理的現象の並行関係という仮説そのものが、科学的心理学が形而上学から派生したものであり（これをベルクソンが人間のなかでたがいに交通しあっているデカルト的な〈思考するもの〉と〈延長しているもの〉の対置に引き戻したのは、理由がないわけではない）、意識の事実をつかまえることができないでいることをうかがわせる。科学的心理学は、意識の事実を、生理的過程であると同時に意識でもあるものとして、二つに分裂させてしまっているのである。そのうえ、意識の事実をこのような仕方でつかまえる可能性は、すでにライプニッツによって、表象の機械的な、つまりは「形と運動による」説明にかんして、論駁されていた。彼は『単子論』〔一七〕において書いている。「かりにいまひとつの機械があって、それが考えたり感じたり表象をもったりするような仕組みになっているとすれば、それがそのままの釣り合いを保ちながら大きくなって、そこへ人がちょうど風車小屋に入るように入れるようになったと考えることもできる。さてそう仮定しておいてその中へ入ってみるとすれば、種々の部分がたがいに推し動かしているところは見えるであろうが、表象を説明するだけのものはどうしても見あたるまい」。

これは一九世紀の精神生理学がとらわれたままになっている循環である。そして、この循環のうちにこそ、近代の精神医学はみずからの位置する活動空間を見いだしてきたのであって、その基本的なパラドックスは、オイゲン・ブロイラー〔一八五七―一九三九年。スイスの精神医学者〕が『精神医学概論』〔一九二四年〕の冒頭で、わたしたちは意識を「心理的過程の主観的な性質」としてしか定義できないが、しかしまた、その性質は直接的には「みずからの内面性においてのみ」把握されうる、と言明したさいのあっけらかんとした態度のうちにあらわれている。

一九世紀的な精神生理学の批判に立脚して、ディルタイとベルクソンは（そしてのちにはフッサールとマックス・シェーラーは）、その世紀の終わりに、「生」を「純粋経験」においてつかまえようとこころみる。心理学が精神物理的な実体化をつうじて構築しようとこころみてきた意識の事実に、彼らは直接的な経験のなかであらわになる意識の実体的ではなくて純粋に質的な性格を対置する。ベルクソンの「純粋持続」、ディルタイのエアレープニス（Erlebnis）〔体験・生きられた経験〕が、それである。「生の哲学」は、そのすべてが、一九世紀末における文化の大部分が詩をふくめてそうであったように、この生きられた経験をそれが前概念的な直接性において内観に立ち現れるままに捕捉することへと差し向けられている。カントにとってはそれ自体としては認識的価値を欠いており、「知覚の寄せ集め」とともに、超越論的自我の自己自身を認識することの不可能性をしか表現していなかった内部感覚が、いまや、最も真正な経験の源泉に転化する。しかし、まさにエアレープニス、「生きられた経験」の理念において（「純粋持続」および「生きられた時間」の理念においてと同様）、生の哲学はそれがもろもろの矛盾をかかえていることをうかがわせるのである。

じっさいにも、エアレープニスにおいては、内的経験は「意識の流れ」として現れる。そこには初めも終わりもない。また、それは純粋に質的なものであるので、停止させることも測定することもできない。このため、ディルタイは、内的経験（innere Erfahrung）において現れるわたしたちの存在を、根が地下に埋まっていて葉だけを高く持ちあげている木にたとえている。また、ベルクソンは、意識状態の流れとその本源的な純粋性における持続にわたしたちが接近するのに用いる行為を説明するために、直観に訴えざるをえなくされているが、それを定義するには、ネオプラトニズム的神秘学が〈一者〉との結合を特徴づけたのとおなじ手法を用いるほかないのであった。「それは精神の精神による直接的なヴィジョンである。……それは直接的な意識であって、そのヴィジョンは見られている対象とほとんど見分けがつかない」（「緒論二」（一九二二年）『思想と動くもの』（一九三四年））。あるいは、それを著作家が突然「主体の心そのものに」身を置いた際の霊感にたとえて、それはいかにしても捕まえることはできない、と。なぜなら、「もし人が突然その人が自らの内部に感じている衝動へ立ち戻ってそれを捕まえようとしても、その衝動は逃げていく」からである。

こうして、生の哲学は、エアレープニス、つまりはみずからの基礎であるはずの純粋経験を把捉する任務を詩に委ねるか、神秘学に委ねるほかなくなってしまう。そして、詩のほうは、その遺贈品を留保付きで受けとるか、出口なき道へと閉じこもってしまう。また、神秘学のほうは、世紀末の神智学リヴァイヴァルのなかにあって、その委託を熱狂的に受けいれる。ディルタイが生きられた経験を、それが「物言わぬ」「不分明な」ものであることをやめて、詩と文学における「表現」に転化したかぎりで考察し、こうしてみずからの「生の哲学」を解釈学に変容させるよう、導かれていかざるをえなかったのは、偶然ではない。また、ベルクソンにかんしていえば、彼は「流布した神秘的直観」と「拡大した科学的経験のうちにあっての彼方にあるもののヴィジョン」を予言的に期待するにいたっている（『道徳と宗教の二源泉』〔一九三二年〕）。

フッサールが「もろもろのエアレープニスの流れ」のなかにおいてデカルト的自我の超越論的経験を復興しようとこころみているのは、このことを背景に置いて位置づける必要がある。しかし、そこで彼が矛盾にぶちあたっていることは、第二番目の『デカルト的省察』のあるくだり〔二六節〕のうちに範例的なしかたでとらえることができる。彼は経験的心理学が意識の経験にとって本源的な与件を提供する可能性があることに異議を唱えている。彼は書いている。「そのような始め方は、前提として、いわゆる直接的経験にもとづいた意識の生が、外部感覚の与件、さらに都合のよい場合には、内部感覚の与件の複合体として解釈されるということを含意しているのだろう。そして、ついで、それらの与件を結合してさまざまな統一体を形成するためには、ゲシュタルト的な性質に訴える必要があるということになるのだろう。さらに原子論を回避するためには、それらの与件の根底には必然的に形態《ゲシュタルト》が横たわっており、それぞれの感覚的統一体の全体はそれ自体その部分に先立つ、という説を付け加える必要が出てくるのだろう。しかし、根本的に新たに出発しようとする記述的な意識の理論は、そのような与件やそのような統一体を先入見としか見ない。出発点は、それにとっては、純粋で、いわばいまだ言葉をもたない経験である。それがいまはじめて、その本来的な意味の純粋な表現へともたらされなければならないのである。しかしまた、その実際上最初の表現は、デカルト的な〈わたしは思考する〉なのである」。

興味深いのは、フッサールが、この言葉をもたない経験という概念によって(『内的時間意識の現象学にかんする講義』の一節で、彼は内的時間の本源的な流れとその主体との関係について「これらすべてのために付けるべき名前がわたしたちには欠如している」と書いている)、純粋経験、すなわち、主観性にも心理的実在であると想定されているものにも先行するような経験の理念への最大限の接近を果たしておきながら、つぎには、それを〈わたしは思考する〉というかたちをとったその「表現」と、すなわち、それが言葉をもたない存在から語る存在に変化していることと、同一視することができているということである。このくだりにおいて、超越論的主体が直接に「表現」として、つまりはなにか言語的なものとして捕まえられているというのは、おそらく、偶然ではない。そして、〈わたしは思考する〉ことの確実性をあるひとつの言表されたものにおいて根拠づけようとしたデカルトのこころみも、エアレープニス〔生きられた経験〕とその「表現」を同一視しようとしたディルタイのこころみも、問いにふすことを可能にしてくれるのではないだろうか。経験の理論がみずからの本源的与件の問題を真に根源的なしかたで立てようとするなら、それは、必然的に、この「最初の表現」以前のところにあって、「いわばいまだ言葉をもたない」経験から出発しなければならないだろう。すなわち、必然的に、こう問わなければならないだろう。言葉をもたない経験といったものは存在するのか、経験のインファンティア〔言語活動をもたない状態〕は存在するのか、と。そして、存在するなら、それと言語活動との関係はどのようなものであるのか、と。

註解

1 モンテーニュの落馬と無意識

モンテーニュは、『エセー』の第二巻第六章——これは、「実習について」というタイトルが示唆しているように、経験にかんするちょっとした論述をふくんでいる——において、ある事故のことを報告している。その事故をどうやら彼は特別の重要性をもつとかんがえているようなのだ。彼は語っている。——ある日、わたしの家からほど遠くないところへ、小さな、あまり強くない馬に乗って、散歩に出かけていった。すると、「わたしの家来のひとりの、背が高くてたくましい男が、とてつもない口をした、しかしながら生き生きとして活気にあふれる強い馬にまたがり、勇ましいところを見せるため、仲間を追い抜こうとして、手綱をいっぱいにのばして馬を駆り、わたしの道筋にまっすぐ乗りこんできた。そして、小さい男と小さい馬の上に巨大な彫像のようにのしかかり、その重みとその勢いとで雷のような打撃を加え、わたしと馬もろとも、足を宙に舞わせて、はねあげてしまった。するとどうだろう、わたしの馬はすっかり仰天して地面に倒れてのびてしまい、わたしは一〇歩か二〇歩向こうのところに、死んだようになってうつ伏せに横たわっているではないか。〔顔は打ち傷と擦りむきでひどい状態になり〕手にしていた剣は一〇歩以上も先のところにあり、帯はずたずたにちぎれ、もはや動きも意識もなく、わたしは一株の切り株同然であった」。それから自分がしだいに感覚を取り戻した瞬間の描写に入るのだが、その描写において、モンテーニュは比類のない練達ぶりを証し立ててみせている。「ものがふたたび見えはじめたとき、その視力は非常にかすんでいて、弱く、力のないものだったので、わたしはまだ光しか見分けられなかった。……魂の機能にかんしていえば、そのよみがえり方は身体の機能が戻ってくるのに合わせた徐々たるものであった。わたしは自分が血まみれになっているのを見たが、それはわたしの胴衣がわたしの吐いた血ですっかり汚れていたからだった。……わたしのいのちはもはや唇の先端にしか引っかかっていないようにおもわれた。わたしには、わたしはそうおもわれたのだが、そのいのちを外へ押し出すのを助けようとして、目を閉じていた。そして、自分から力が抜け、遠くへ行ってしまうのを楽しんでいた。その想像はかろうじてわたしの魂の表面で泳ぐことしかしておらず、ほかの残りの要素すべてとおなじように弱くてかすかなものではあったが、しかし、じつをいえば、不快感がないばかりか、自分を眠りのなかにすべりこませていく人の感じる、あの心地よさと混じり合っていた」。

この記憶はモンテーニュに一連の脇道にそれた話の口実を提供する。そこでは、薄明状態が、たしかに特別のものではあるが、ある意味では極端かつ最も真正な経験でもあるような経験の形態のモデルに転化している。そして、エンブレムのように、『エセー』の探求全体をみずからのうちに要約している。それというのも、そのときの彼の無意識状態は、彼には、「人々が死んでいくときの苦しみのなかで弱り衰えていくのを見て、わたしたちは、彼らがひどい苦痛に揺り動かされているとか、その魂がつらい思いに押しつぶされているというように思いこんで、理由もなく同情の涙を流す」、そのような人々が置かれているのとおなじ状態であるようにおもわれたからである。彼は付け加えている。「彼らの精神と肉体は地面の下に埋めこまれ眠りこんでしまっているのだ、とわたしはいつもかんがえてきた。『彼は生きているが、自分の生命についての意識がない』〔オウィディウス『悲歌』一・三・一二五〕。また、わたしは、手足があれほどひどく震えおののき、感覚があれほどひどく失われてしまった場合、魂がその内部にあって自分を認めるだけの力をいくらかでも保っていられるとは、けっして信じられなかった」。わたしたちが、眠りにつこうとしていて、すっかり眠りにとらえられる前に、眠りの最初の「ぶつぶつ言う声」を聞くときにも、きわめてよく似たことが起きる。そのときにも、「わたしたちは、わたしたちのまわりで起こっていることを夢のなかでのように感じ、人の話し声を魂の縁までしか届かないようにおもわれるかすんだ不確かな聴覚でもって追っている。そして、わたしたちにむかって言われた言葉の最後の部分につづけて返事をしたりするが、それは意味のある受け答えというよりは、偶然に調子が合っただけのものなのだ」。

彼は続けている。「わたしの胃は凝固した血で圧迫されていて、わたしの手がひとりでにそこへ行った。ちょうど、わたしたちの意志の命じるところに反して、かゆいところへ手が行くように。死んでしまったあとにも、筋肉をひきつらせ、ぴくぴくと動かす動物がいくつかいる。また、人間にもそういうことがある。許可を出さないのにしばしば自分で動き、突っ立ち、また横になる器官があることは、だれでも経験によって知っている。ところで、皮膚をつうじてしかわたしたちに触れることのないこれらの感覚は、わたしたちのものとは言えない。それをわたしたちのものにするためには、人間全体がそこにかかわりあわなければならない。わたしたちが眠っているあいだに手や足が感じる痛みは、わたしたちのものではないのだ」。

したがって、わたしたちのものではない経験、「わたしたちの」経験とはいえない経験が存在する。しかしまた、まさにこのために、すなわち、まさに経験しえないものの経験であるために、それらの経験は、わたしたちの経験を死にむかっての緊張へと突き進ませることのできる究極的な限界を構成しているのである。モンテーニュは結論している。「この、ほんの取るに足らないある事件の物語は、ずいぶんつまらないものではあるが、しかしわたしはそこから自分のためにこういう教訓を引き出したのだった。すなわち、ほんとうのところ、死に自分を慣れさせるためには、それに近寄るしか手がないということがわかったのだ。……ここに書いたものはわたしの学説ではなくて、わたしの研究である。他人を教えるためのものではなくて、わたしを教えるためのものなのだ」。

二世紀後、『孤独な散歩者の夢想』のなかで、ルソーはきわめてよく似たエピソードを報告している。そのエピソードは、わたしたちがジャン＝ジャックのものだとみなすのに慣れている疲弊した官能性がもしもそこに認められなかったなら、モンテーニュから直接とってきたものだとかんがえてもおかしくないものであった。彼は書いている。「六時ごろ、メニルモンタンの坂道を、ほとんどガラン・ジャルディニエの真向かいにさしかかっていたときである。そのとき、わたしの前を歩いていた何人かの人がいきなり慌てて道を避けたかとおもったら、大きなデンマーク犬が一頭、わたしを目がけて突進してくるのが見えた。その犬は一台の四輪馬車の先頭になってまっしぐらに突っ走ってきたので、わたしを認めたときには、進行を停めようにも、わたしを避けようにも、その余裕さえなかった。……衝突したことも、落馬したことも、その後わたしがわれに返る瞬間までに起こったことも、わたしはなにひとつ覚えがない。……そのほんのちょっとしたあいだにわたしのおかれていた状態はあまりに奇異なものなので、それをここに記さないではいられない。夜はふけていった。わたしは空を、いくつかの星を、そしてわずかの青草を目にした。この最初の感覚は、一瞬心地よかった。その感覚をつうじてのみ、わたしは自分を感じていた。その瞬間、わたしは生へ生まれつつあったのだ。そして、わたしは知覚するすべてのものを自分のかすかな存在でもって充たしているかのようであった。わたしはそっくりそのまま現在の瞬間のみに属していて、過去のことはなにひとつ覚えていなかった。わたし個人についてのなんらかのはっきりした概念もなければ、わが身に起こったことについての最小限の観念もなかった。わたしがだれであるかも、どこにいるのかもわからなかった。苦痛も、恐怖も、不安も感じていなかった。わたしは自分の血が流れ出るのを、まるで小川の流れを見るようにでも眺めていて、この血がともかくも自分の血であるということさえ、とんと考えてみないでいた。わたしは、わたしの存在全体のなかに、うっとりするような静けさを感じていた。その後それを想い起こしてみるたびに、わたしはこれまで経験した快楽のどんな活動にも、それに比すべきものはひとつとしてないようにおもえるのだ」(「第二の散歩」)。

ここでも、薄明的で無意識的な状態が特別の経験のモデルに転化している。しかしまた、その経験は、モンテーニュにおけるように、死を先取りしたものではなくて、むしろ、生誕の経験であり(「その瞬間、わたしは生へ生まれつつあった」)、同時に、比すべきもののない快楽の暗号である。

これらのエピソードは、さながら、シェリングからショーペンハウアーをへて、フロイトの著作において独創的な再定式化をみるにいたるまでの、一九世紀における無意識概念の出現と普及を予告した、二つの孤立した先導車両のようなものである。この無意識という概念がここでわたしたちに関心があるのは、それが経験の理論にかんしてもっている含意のためでしかない。すなわち、居心地の悪さの徴候として、それはわたしたちに関心があるのだ。それというのも、たしかに、無意識という考え方において、近代的な経験概念の(すなわち、デカルト的主体に基礎を置いた経験の)危機は、その最高度の明証性に到達するからである。じっさいにも、それが第三人称、エス(Es)に帰属させられていることがはっきりと表明しているように、無意識的な経験は主観的な経験ではない。〈自我〉の経験ではないのである。カント的な観点からは、それは経験と言うことすらできない。なぜなら、それはあらゆる経験の基礎であり保証である意識の総合的な統一(自己意識)を欠いているからである。けれども、精神分析がわたしたちに証示するところによれば、最も重要な経験は主観ではなくて「それ」(Es)に属する経験なのである。しかしまた、「それ」は、モンテーニュの落馬におけるように、死ではない。それというのも、いまや経験の限界は反転してしまっているからである。それはもはや死へ向かうのではなく、幼児期へ逆戻りするのだ。限界のこのような反転のなかにあって、第一人称から第三人称への移行のなかにおいてと同様、わたしたちは新しい経験の性格を解読しなければならないのである。

2　近代詩と経験

近代詩がみずからの位置すべき場所を見いだすのは、この経験の危機を背景にしてである。それというのも、よく見てみれば、近代詩は——ボードレール以後——新しい経験ではなく、先例のない経験の欠如に基礎を置いているからである。こうして、まことに自由闊達にボードレールはみずからの芸術的仕事の中心にショックを置くことができるのであった。じっさいにも、経験はなによりもまず驚きから保護することへと差し向けられている。そして、ショックが生み出されるということは、つねに経験における失策を含意している。あるものを経験するということは、そのものから新しさを奪いとり、それのもつショックの潜勢力を中和することを意味しているのである。ここから、商品とメーキャップ——すなわち、卓越して経験しえないもの——がボードレールにたいして行使している魅力が出てくる。

ボードレールにおいては、人間は経験を剝奪されてしまっていて、なんらの防護策を講じることもないまま、もろもろのショックに身をさらしている。近代詩は、経験の剝奪に対処するにあたって、この剝奪を生き残りの存在理由に変え、経験しえないものをその正常な条件にしようとするのである。この見方のもとでは、「新しいもの」の探求は、経験の新しい対象の探求となってては現れず、逆に、経験の消失と停止を含意している。新しいものとは、経験しえないもののことなのだ。なぜなら、それは「知られないでいるものの根底に」横たわっているからである。それはカント的な物自体、経験しえないものそのものなのだ。このため、ボードレールにおいては（そして、このことが彼の詩に明澄さをあたえることとなっているのだが）、この探求は「きまり文句」の創造への志向という逆説的な形態をとる（「紋切り型の表現を創造するのが天才である」。即座に月並みなものに接近していく、プルーストをかくも驚かせたボードレールの詩に固有のリズムも想起されたい）。「きまり文句」、すなわち、何世紀にもわたる経験の蓄積によってのみ創造されることができ、一介の個人によって発明されるのではないものである。しかし、人間が経験を剝奪されてしまっている条件のもとでは、そのような「きまり文句」の創造は経験の破壊をつうじてのみ可能となるのであって、それは、その権威に背く瞬間そのものにおいて、突如、この破壊が現実には人間の新しい住処であることをあらわにするのである。最もありふれた対象からそれらの経験可能性を奪う異化が、こうして〈経験しえないもの〉を新しい「きまり文句」、人類の新しい経験にすることをねらった詩的プロジェクトの範例的な手続きに転化する。このような意味において、経験しえないもののことわざが『悪の華』なのだ。

しかしまた、近代的経験概念にたいする最も決定的な異議が提起されたのは、プルーストの作品においてであった。それというのも、『失われた時を求めて』の対象は生きられた経験ではなく、それとはまさに正反対に、生きられることも経験されることもしてこなかった何ものかであるからである。また、それが突然「心臓の間歇」(intermittences du cœur)に浮上することがあっても、そのことが経験を構成することはない。この浮上の条件をなしているのは、まさしく、時間と空間というカント的経験の条件の揺らぎであるからである。そして、疑いにふされているのは、経験の条件だけではない。その主体もそうである。なぜなら、この主体もたしかに近代的な認識の主体ではないからである(むしろプルーストが念頭においているのは、うたた寝とか意識の喪失といったような薄明的状態のようである。「最初の瞬間、わたしは自分が何者であるのか、わからなかった」というのがその典型的な定式である。これの無数のヴァリエーションをジョルジュ・プーレ〔一九〇二—九一年。ベルギー生まれのジュネーヴ学派の批評家〕は記録している)。しかし、ここで問題になるのは、ベルクソン的な主体でもない。ベルクソン的主体の場合には、その究極的な実在には直観が接近を可能にしてくれる。じっさい、直観があらわにするものは、意識状態の純粋な継続以外のなにものでもない。すなわち、なおも主観的な何ものかなのだ(それどころか、それは、いってみれば、純粋状態における主観的なものである)。これにたいして、プルーストにおいては、もはや本来の意味ではなんらの主体も存在しない。ただ、独特の唯物論をともなって、無限の派生、および対象と感覚の偶然の出会いが存在するにすぎない。ここでは経験を剥奪された主体が立ち現れて、科学の観点からは、経験の最も根源的な否定としてしか見えないものを妥当させようとしているのである。主体も対象ももたない、絶対的な経験がそれである。ジャック・リヴィエール〔一八八六—一九二五年。文学批評家。プルーストの才能を高く評価して、自分の編集する『新フランス評論』誌に『失われた時を求めて』の原稿を部分的に紹介したことで知られる〕によれば、それでもってプルーストが死んだという(「……彼は、火をつけるにはどうすればよいのか、窓を開けるにはどうすればよいのか、全然わからなくて、死んだ」)インエクスペリアンス(inexpérience)は、文字どおりの意味にとられなければならない。それは経験の拒否と否定なのだ。

残酷にも経験が剝奪されてしまっているという意識、先例のない「経験の空虚」という意識は、リルケの詩においても、中心にある。しかし、決然として経験しえないものに新しい人類の経験を託そうとするボードレールとランボーとは異なって、リルケはたがいに矛盾する二つの世界のあいだで宙吊りになったまま揺れ動く。一方では、天使、糸繰り人形、軽業師、幼児のうちにあらゆる経験から完全に自由になったダーザイン(Dasein)〔現存在〕の像を示してみせる。と同時に、他方では、人々がそのなかに「人間的なものを蓄積していた」物たち(ヴィトルト・フォン・フレーヴィチへの手紙のなかでは、この「蓄積」の過程は物そのものを経験可能にするものと同一視されている)、それゆえ、「アメリカからつぎつぎにやって来る」、いまやそれらの存在を「貨幣の震動」のなかに移し替えてしまった「物たちの外観」とは対照的に、「経験することができる」(erlebbaren)存在であり、「言表することのできる」(säglichen)存在であった物たちを、郷愁をこめて想い起こす。これら二つの世界のあいだで「廃嫡者」として宙吊りのままになっていることがリルケの詩の中心的な経験なのであって(「あらゆる時代はそのような廃嫡者をもっている。彼らには、過去にあったものはもはや所属せず、未来にあるだろうものはいまだ所属しない」と彼は第七の悲歌〔『ドゥイノの悲歌』一九二三年〕において書いている)、そこには、秘教的なものとみなされている多くの著作と同様、神秘的なものはなにひとつ含まれていない。そこに表出されているのは二〇世紀のひとりの市民の日常的な経験にほかならないのである。

Ⅳ

したがって、経験の問題を厳密に設定しようとすれば、どうしても、言語活動の問題にぶつからざるをえなくなる。カントを批判したヨーハン・ゲオルク・ハーマン〔一七三〇―一七八八年。カントとおなじケーニヒスブルク生まれのドイツのプロテスタント思想家〕によれば、「超越論的主観〔主体〕にまで引き上げられ」、言語活動とは独立に主張された純粋理性といったようなものは無意味であるという。なぜなら、「思考の能力はすべてがまるごと言語活動のうちに存しているだけでなく、言語活動は理性の自分自身との誤解の中心点でもあるからである」というのだが、このハーマンのカント批判はここにおいてその重みのすべてを見いだす。正当にも彼がカントにたいして異議を申し立てたように、いかなる思考の行為にも、たとえそれがアプリオリな行為であっても、言語活動が内在しているということは、「純粋理性の純粋主義にかんするメタ批判」を必然的に要請することにならざるをえないとかんがえられるのである。すなわち、言語活動をそれとして純化することが要請されるのであるが、しかしまた、それは『純粋理性批判』を構成している諸条件のもとでは提起しえないことが明らかになるのであった。それというのも、彼の最高の問題は理性と言語の同一性としてしか定式化されえないものであったからである。「理性は言語である。ロゴスなのだ。これこそは、わたしが嚙みしめている、そして死ぬまで嚙みしめるだろう髄骨にほかならない」(『理性の純粋主義にかんするメタ批判』一七八四年執筆、一八〇〇年刊)。

カントは、フッサールもそうであったが、認識の問題を考察するにあたって数学をモデルにしたために、超越論的主観性の起源を言語活動のうちに見いだし、超越論的なものと言語的なものを分離している境界を明確に描きだすことができないできたのだった。そして、このようにして両者を分離している境界を見落としてしまったことは、『純粋理性批判』において、超越論的統覚が、まるでそれが当然なことであるかのように、「わたしは思考する」といった言語的な主体として、さらにきわめて意味深長な一節においては、「テクスト」として、立ち現れるのを可能にしている(「〈わたしは思考する〉は合理的心理学の唯一のテクストであって、そこからそれはその学のすべてを展開しなければならないのである」(B401))。このように超越論的領域を「テクスト」として描きだしたことが、言語活動の問題をそれとして立てることが欠如しているなかにあって、「わたしは思考する」を超越論的なものと言語的なものが混ざり合った地帯に位置させているのであり、ひいては、ハーマンが正当にも純粋理性にたいする言語活動の「系譜的先行性」を主張することを可能にしているのである。

意義深いのは、『幾何学の起源』のあるくだりで幾何学的対象の理念的客観性について自問したさい、フッサールが言語活動の問題をこの客観性の条件として立てるよう導かれていっていることである。「幾何学的理念性は（あらゆる諸科学の理念性も同様であるが）、それがもともとは人格内部的な起源をもち、最初の発明者の心の意識空間の内部にあっての形成物として立ち現れていたのが、そこから出発して、どのようにしてその理念的客観性に達することができるのだろうか。そのありさまはただちにわかる。すなわち、それは言語活動による媒介をつうじてであるのであって、言語活動によって幾何学的理念性はいわばその言語的身体を受けとるのである」。ただ、フッサールにおいては、幾何学的‐数学的モデルが認識の理論を支配し続けている。そして、このことが、どのようにしてフッサールが――「人類は、まずもって、直接的および間接的な言語活動の共同体として認識される」とか、「一方における人間としての人間、わたしたち人間仲間（Mitmenschen）、世界……と、他方における言語活動とは、分かちがたく織り合わされており、いつもすでに両者の相互関係が切り離すことのできない統一をなしているという確信にさえられている」と主張するにいたっていながらも――この点にいたっても言語活動の起源の問題をあらゆる可能な超越論的地平との関係のなかで立てるのを回避してきたのか、を理解可能にしてくれる。「ここには言語活動の起源にかんする一般的問題もまた告知されているが、わたしたちとしてはもちろんこの問題には立ちいらない」。

しかし、もしわたしたちが、ハーマンの示唆を受けいれて、数学的超越論的明証性のモデル（これは西洋形而上学のなかにきわめて古くから根を張っているのだが）を放棄するなら、そしてあらゆる認識理論の絶対に背反することのできない前提的な条件を言語活動との関係の解明のうちに探し求めるなら、そのときには、主体がその起源とその本来的な場所をもつのは言語活動においてであるということ、また、言語活動においてのみ、言語活動をつうじてのみ、超越論的統覚を「わたしは思考する」として描きだすことは可能になるということがわかる。

「代名詞の性質」〔一九五六年〕および「言語活動における主体性」〔一九五八年〕にかんするエミール・バンヴェニストの研究は――超越論的主体のメタ批判の必要性というハーマンの直観を確認したものであって――、人間が主体として構成されるのは言語活動においてであり、言語活動をつうじてであることを明らかにしている。主体性とは、話し手が「わたし」として自分を立てる能力のことにほかならない。そして、それは、各人が沈黙のうちに味わう、自分であるという感じによっても、なんらかの言表しえない心理的な自我経験によっても、けっして定義することはできないのであって、ただ、あらゆる可能な経験にたいする言語的自我の超越性をつうじてのみ、定義することができるのである。「この主体性は、それを現象学的にとらえるにせよ心理学的にとらえるにせよ、言語活動の基本的なひとつの特質が存在のなかに現れ出たものにほかならない。「わたし」と言う者が〈わたし〉なのだ。これが主体性の根拠なのであって、それは言語上の人称の地位によって定まるのである。……言語活動は、おのおのの話し手が自分を「わたし」として指し示すことによって言語全体を自分のものにすることを可能にするようなふうに組織されている」。

そして、このように主体がもっぱら言語活動のなかに現存しているということだけが、「わたし」という代名詞の特別の性質を説明することを可能にしてくれる。この問題にフッサールは直面しながらも、それを根底においてつかまえることなくおわってしまったが、それは彼がつぎのような主張でもってそのことを正当化しうると思いこんでいたからである。「孤独な言述においては、〈わたし〉という言葉の意味(Bedeutung)は、基本的に、わたしたち自身の人格性の直接的な表象となって実現される。したがって、伝達の言述においてこの言葉の意味が存するのも、ここにおいてなのである。あらゆる対話者は、その自我表象(ひいては、〈わたし〉についてのその個別的な概念)をもっている。このため、この言葉の意味は、個人ごとで変化する」。しかし、ここでも、バンヴェニストは、「直接的な表象」や各個人が自己についてもつという「個別的な概念」に訴えることは現実には不可能であることを明らかにする。「〈木〉というひとつの概念があって、「木」という語のあらゆる個々の使用例がそこへ還元されるのとおなじ意味では、あらゆる話し手の口からたえず言表されるすべてのわたしを包括する〈わたし〉という概念は存在しない。「わたし」は、どんな語彙的実体を名指すものでもない。それでは、「わたし」はある特定の個人を指示したものだと言うことができるのだろうか。もしそうなら、言語活動にはいつまでたっても解決されることのない矛盾が存在していることになるだろう。そして、実生活においては、無政府状態が支配することになるだろう。どうして同一の語詞がどんな個人をも無差別に指示し、しかも同時に個人をその特殊性において同定することができるのか。ここにあるのは、人称代名詞というひとつの語類であって、それは言語活動のあらゆる他の記号の地位の枠には収まりきらないのである。いったい「わたし」はなにを指示しているのか。もっぱら言語的な、きわめて特異な或るものである。「わたし」は、それが口にされるさいの個人の言述行為を指示しているのであり、その話し手を指し示しているのである。これは……言述の現存のなかにおいてしか同定されえない語詞なのである。それが送付する現実は、言述の現実である」。

もしこれが真実であるなら、もし主体が見たような意味において「言述の現実」であるなら、もしそれが弁舌の指示詞の体系（人称代名詞だけでなく、それ以外にも、「これ」「あれ」「ここ」「いま」「昨日」「明日」など、主体の空間的および時間的な関係を組織するすべての語詞をふくんだ）によって人間のうえに投げかけられた影以外のなにものでもないのなら、そのときには、超越論的領域を主観性として、「わたしは思考する」として描きだすことは、現実には、どれほどまで超越論的なものと言語的なものとの交換に基礎を置いているか、ということが明確になる。超越論的主体とは「語る者」にほかならず、近代思想はこの言語活動の主体をひそかに経験と認識の基礎として採用することで構築されてきたのであった。そして、この交換こそは、カント以後の心理学が超越論的意識に――超越論的意識も経験的意識も、〈わたし〉として、「主観」として立ち現れていることからして――心理的な実体を付与することを可能にしてきたのである。

このため、もし超越論的領域の厳密にカント的な区別がいまいちど主張されなおさなければならないとすれば、しかしまた、それは同時に、超越論的領域を言語活動の領域から分離している境界線を断固として引きなおし、超越論的なものを「わたしは思考する」という「テクスト」の彼方において、つまりは主観の彼方において、立てるようなメタ批判によって補佐されなければならない。超越論的なものは主観的なものではありえないのだ。超越論的なものが単純に言語的なものを意味しているのでないとすればである。

この土台の上でのみ、経験の問題を誤解のない仕方で立てることが可能になる。それというのも、もし主体が単純に語る者であるなら、わたしたちはけっして主体のうちに、フッサールがそう信じていたように、経験の本源的な状態、「純粋の、いわばなおも物言わぬ経験」に達することはないだろうからである。反対に、主体を言語活動において、また言語活動をつうじて構成することは、まさしく、この「物言わぬ」経験を剥奪することにほかならない。すなわち、それはつねにすでに「ことば」なのだ。そのときには、本源的な経験は、なにか主体的なものであることからはほど遠く、人間において主体以前のもの、すなわち、言語活動以前のものでしかありえないだろう。それは文字どおりの「物言わぬ」経験、人間のインファンティア〔いまだ言語活動をもつにいたっていない状態〕であって、言語活動はまさしくそれの限界を画することにならざるをえないのである。

経験の理論は、この意味においては、インファンティアの理論でのみありうるだろう。そして、その中心的な問題はつぎにように立てられなければならないだろう。なにか人間のインファンティアのようなものは存在するのだろうか。人間的な事実としてのインファンティアはどのようにして可能なのだろうか。可能であるとして、その場所はどこなのか。

しかし、そのようなインファンティアは、言語活動以前のところに、言語活動とは独立に、言語活動がその表現をなしているところの心理的現実のようなもののなかに探し求めることのできるものではないことは、容易に見てとれる。主観的な心理的事実、心理的なものの学が主体とは独立に主体の此岸にあって到達しうると思いこんでいる「意識の事実」なるものは、存在しない。意識とは言語活動の主体にほかならず、ブロイラーの言葉を借りるなら、「心理的過程の主観的な質」以外のものではないからである。たしかに、インファンティア、主体の「沈黙」を、把捉することも停止させることもできない本源的な心理的現象としての「意識の流れ」という考え方によって実体化することはできる。しかし、つぎに、このエアレープニス〔生きられた経験〕の本源的な流れに現実性を付与して、それをとらえようとしたときには、それに内的「独白」のなかで語らせるほかないのであった。そして、ジョイスの明晰さは、まさしく、意識の流れは「独白」、つまりは言語活動以外の現実性をもたないことを理解した点にあった。このため、『フィネガンズ・ウェイク』においては、内的独白は、あらゆる「生きられた経験」および言語活動に先行するあらゆる心理的現実の彼方にある、言語活動の神秘的な絶対化に席を譲っているのである。たしかに、この人間のインファンティアを、心理的なものの土地の沈没した部分を占めているフロイトの無意識と同一視することは可能である。しかし、エスであるかぎりで、「三人称」であるかぎりで、フロイトの無意識は、現実には、ここでもまたバンヴェニストが明らかにしているように、非 - 人称であり、非 - 主体であって(アルヤイブ(al-ya'ibu)、不在の者、とアラブの文法家たちは呼んでいる)、人称への対立においてのみ意味をもつ。だから、ラカンが、このエスも言語活動以外の現実性をもたず、それ自体言語活動であることをわたしたちに明らかにしてみせているとしても、なんら驚くことはないのである。(ついでに述べておこう。自我とエスが言語活動のうちに現存することを理解したことは、フロイト主義のラカン的な解釈を断固として心理学の外部に位置させるものである)。

したがって、主体以前のところにある「心理的実体」としてのインファンティアという考え方は、言語活動以前のところにある主体という考え方と同様、ひとつの神話であることが明らかになる。こうして、インファンティアと言語活動とは、インファンティアが言語活動の起源であり、言語活動がインファンティアの起源であるといったような、ひとつの循環を形成しつつ、一方を他方へ送付しあっているようにみえる。しかし、おそらく、まさにこの循環のなかにこそ、わたしたちは人間のインファンティアであるかぎりでの経験の場を探し求めなくてはならないのではないだろうか。それというのも、ここで問題になっている経験、インファンティアは、たんに、クロノロジー的に言語活動に先行していて、ある時点にいたると、存在することをやめて言葉のなかに流れこんでいくようなものではありえないからである。それは、わたしたちがある瞬間にいたって二度と戻ることなくそこから立ち去って語ることの世界へと移っていく天国のようなものではない。そうではなくて、それはもともと言語活動と共存しているのであり、それどころか、それ自体、言語活動が事あるたびにそこから主体としての人間を生み出しつつ実現するところの剝奪をつうじて構成されているのである。

　もしそうであるなら、もしわたしたちがインファンティアに接近するには天使が燃える剣でエデンの入り口を守るようにしてそこへの入り口を守護している言語活動とぶつからざるをえないのだとすれば、そのときには、人間の本源的な祖国としての経験の問題はラングとパロールという二重の現実のもとにおける言語活動の起源の問題に転化する。人間はすでにそこに存在していたが、言語活動はいまだ存在していなかったというような時点にわたしたちが到達しえた場合にのみ、わたしたちは「物言わぬ純粋の経験」、言語活動とは独立の人間のインファンティアを手中にしているということができることになるだろう。しかし、言語活動の起源についてのそのようなとらえ方は、すでにヴィルヘルム・フォン・フンボルト以来、言語の科学が妄言として退けてきたとらえ方であった。「わたしたちはいつも、完全な人間がおなじく完全な同類を見つけだし、相互のあいだで、少しずつ、言語を形成していくような、始源の時期といったものを素朴にも思い描こうとする。しかし、これはたんなる空想にすぎない。わたしたちはけっして言語から分離された人間を見つけだすことはない。また、言語を発明しようとしている人間のすがたを見ることもない。……わたしたちがこの世に見いだすのは、言葉を話している人間、もうひとりの人間に語りかけている人間である。そして、言語は人間の定義そのものを教えるのである」〔ヴィルヘルム・フォン・フンボルト『一般言語形態綱要』。一八二四—二六年に執筆された未完の論考〕。したがって、わたしたちが知っているような人間が人間として構成されるのは言語活動をつうじてであり、言語学はどれほど時間をさかのぼっていっても、けっして言語活動のクロノロジー的な始点、言語活動の「前」に到達することはないのである。

　このことは、人間的なものと言語的なものとが余すところなく一体化しており、それゆえ、言語活動の起源の問題は科学に関係のないものとして脇に追いやられなければならないということを意味するのであろうか。それとも、むしろ、この問題はまさしく〈迂回しえないもの〉であり、それにぶつかることによって、科学はそれ本来の位置とその厳密さを見いだすということを意味しているのだろうか。言語の科学をつうじて、この〈迂回しえないもの〉、このインファンティアに到達する可能性を、わたしたちはほんとうに放棄しなければならないのだろうか。それのみが主体の条件づけから解き放たれた新しい経験概念を基礎づけることを可能にしてくれるのではないかとおもわれるのに――。じっさいには、わたしたちが放棄しなければならないのは、自然科学自身がいまでは放棄してしまっているあるひとつのモデルにもとづいてこねあげられた起源の概念でしかない。つまりは、起源をクロノロジーのなかに位置づけ、時間のなかで自分より前のものと自分より後のものを分離する初期的な原因に仕立てあげるような概念のみが、放棄することを求められているのである。そのような起源の概念が人間科学においては利用できないのは、そこでは、問題になるものがすでにみずからの背後に人間的なものを前提している「対象」ではなくて、それ自体が人間的なものを構成するものであるからである。そのような「存在者」の起源は、歴史化されることはありえない。なぜなら、それはそれ自体が歴史化するものであるからであり、それ自体がなにか「歴史」のようなものが存在する可能性を基礎づけているからである。

言語活動のうちに「人間による考案物」(menschliche Erfindung)を見ようとする理論が登場するたびに、それにたいして、それのうちに「神からの賜物」(gottliche Gabe)を見ようとする理論が立てられるのは、このためである。そして、ハーマン、ヘルダー、フンボルトの思想において、この二つのテーゼがぶつかりあうとともに、対立の漸進的な解消が図られていることが、近代的言語学の誕生を印しづけてきたのであった。じっさいにも、問題は、言語活動が「人間による考案物」か「神からの賜物」か、ということではない。なぜなら、双方の仮説とも——人間科学の観点からは——、神話へと越境してしまっているからである。そうではなくて、言語活動の起源は必然的に通時的なものと共時的なもの、歴史的なものと構造的なものとがたえまなく対立しあっている断裂点に定位しなければならない、ということを自覚することが肝腎なのだ。その断裂点においてこそ、考案物と賜物、人間的なものと非人間的なもの、言葉と言葉をもたない状態が差異と統一の関係にあることを、ひとつのウアファクトゥム(Urfaktum)ないしは原事実として つかまえることが可能となるのである(これは、ハーマンが、人間の言語を神の言語からの「翻訳」であると定義し、こうして人間的なものと神的なものとのコムニカティオ・イディオマトゥム(communicatio idiomatum)〔言語の交通〕のうちに言語活動と認識の起源を見さだめたとき、たとえアレゴリー的にであるにせよ、はっきりと断言していたことである)。

そのような起源の概念には、抽象的で純粋に仮説的なところはいっさいない。逆に、それは言語活動の科学がそのいくつかの具体的な事例を生み出すことができるところの何ものかなのである。それというのも、歴史的言語の文献学的比較をつうじて復元されたインド＝ヨーロッパ的語根とは、ひとつの起源ではあるが、しかしまた、単純に時間のなかで後景に追いやられてしまうのではなくて、同時に、歴史的言語のなかに現在して作動しているものを表象した何ものかでなくて、なんであろうか。それは通時態と共時態との合致点にみずからを定位している。そして、そこにおいて、それは歴史的にはその存在が検証されていない言語のあり方として、「けっして語られることのない言語」、しかしまた実在する言語として、言語史の理解可能性を保証するとともに、同時にまた、体系の共時的一貫性をも保証するのである。そのような起源は歴史的に起こったと想定できるような「事実」のうちに完全に解消されることはけっしてないだろうが、なおも起こることをやめてはいない何ものかなのである。そのような次元をわたしたちは超越論的歴史の次元というように定義することができるかもしれない。それは、ある意味では、あらゆる歴史的認識の限界とアプリオリな構造を構成しているのである。

　このモデルにもとづいてこそ、わたしたちは言語活動と、人間のインファンティアとして主体からもあらゆる心理的基体からも解き放たれた純粋で超越論的な経験との関係を想い描いてみなければならない。それは、たんにそのクロノロジー的な場所をそれだけを取り出して確定できる事実でもなければ、幼児心理学（パロールの次元での）と考古人類学（ラングの次元での）とが言語活動とは独立した人間的事実として構築することができると称している心理的‐身体的な状態のようなものでもない。しかしまた、それは完全に言語活動に——その超越論的な起源ないしは見たような意味においての原限界としてでないかぎり——還元されうるようなものでもない。人間のインファンティア〔言語活動をもたない状態〕として、経験は人間的なものと言語的なもののあいだのたんなる差異であるにすぎない。人間はつねにすでに語る存在ではないということ、人間は言語活動をもたない存在であったし、いまもなおそうであるということ、これが経験ということなのだ。しかし、この意味において人間のインファンティアが存在するということ、人間的なものと言語的なものとのあいだには差異が存在するということ、このことは他の出来事と同等の人間史の範囲内におけるひとつの出来事ではない。あるいは、ホモ・サピエンスという種を同定させているさまざまな性格のあいだのひとつの性格ではない。じっさいにも、インファンティアはなによりも言語活動に作用をおよぼして、それを構成し、それを本質的なしかたで条件づける。それというのも、そのようなインファンティアが存在するという事実、すなわち、言語活動の超越論的限界としての経験が存在するという事実は、言語活動がそれ自体、全体性および真理として立ち現れることを排除するからである。もし経験がなかったなら、もし人間のインファンティアが存在しなかったなら、たしかに言語は「ゲーム」であるだろう。そして、その真理は論理的-文法的規則にしたがったその正しい使用法と符合するだろう。しかし、経験は存在するのであり、人間のインファンティアは存在していて、それを剝奪するものが言語活動の主体なのである。であってみれば、そのときには、言語活動はそこにおいて経験が真理に転化することにならざるをえない場所として立てられることになる。すなわち、言語活動のなかにインファンティアが原限界として現在していることが、言語活動を真理の場所として構成することによって明らかになるのである。ウィトゲンシュタインが、『論理哲学論考』の最後において、言語活動の「神秘的」限界として立てているものは、言語活動の此岸または彼岸にあっていわゆる「神秘的経験」の霧のなかに位置している心理的現実ではないのであって、言語活動の超越論的起源そのものであり、単純に人間のインファンティアそのものなのである。語りえないものとは、現実には、インファンティアなのだ。経験とは、あらゆる人間がインファンティアをもつという事実によってうち立てるミュステーリオン(mystérion)〔神秘〕のことである。この神秘は沈黙および神秘的な語りえないことの誓いではない。そうではなくて、人間を強いて、言葉と真理へと向かわせる誓いである。こうして、インファンティアが言語活動を真理へと差し向けるように、言語活動は真理を経験の宛先として構成する。だから、真理はなにか言語活動の内部において定義されうるようなものではない。が、しかしまた、それの外にあって、あるひとつの事実状態、あるいはこれと言語活動との「一致」として定義されうるようなものでもない。インファンティアと真理と言語活動とは、見たような意味においての本源的かつ超越論的歴史的な関係のなかにあって、たがいに制約しあい構成しあっているのである。

　しかし、もうひとつのさらに決定的な結果をインファンティアは言語活動におよぼす。じっさいにも、それは人間の言語活動を排他的かつ根本的なしかたで特徴づけているラングとディスクールの分裂を言語活動のうちにうち立てるのである。それというのも、ラングとパロールのあいだに差異が存在するという事実、そして一方から他方への移行が可能であるという事実——言葉を語る人間はだれでもこの差異およびこの移行の場所であるという事実——は、なにか自然的で、いわば自明のことではなく、今日になってようやく、バンヴェニストの諸研究のおかげもあって、その問題性と重要性をわたしたちが見つけ出しはじめている人間的言語活動の中心的な現象であるからである。そして、言語活動についてのあらゆる未来の科学がそれでもってその力をためすべき本質的な任務でありつづけているのである。人間のうちにゾーオン・ロゴン・エコン（zōon lógon échon）〔言葉をもった動物〕を見る西洋形而上学の伝統にしたがって、言語一般が他の生物のあいだで人間を特徴づけているのではなく、ラングとパロール、（バンヴェニストのいう意味における）記号論的なものと意味論的なもの、記号の体系と言述のあいだの分裂こそが人間を特徴づけているのである。じっさいにも、動物たちは言語活動が欠如しているわけではない。逆に、動物たちはつねに絶対的に言語である。動物たちにおいては、「純真無垢な大地の神聖な声（la voix sacrée de la terre ingénue）」——これをマラルメはコオロギのうちに聴き取って、「単一の（une）」「解体されていない（non-décomposée）」声として人間の声に対置している——は、中断も分裂も知らない。動物たちは言語のなかに入りこむのではない。動物たちはつねにすでに言語のなかに存在しているのである。これにたいして、人間は、インファンティア〔言語活動をもたない状態〕をもっているために、つねにすでに語る存在ではないために、この単一の言語を分割する。

そして、語るためには言語活動の主体としてみずからを構成しなければならず、「わたし」と言わなければならない者として、みずからを立てるのである。このために、もし言語がほんとうに人間の本性であるのなら、そして、本性とは、よく考えてみれば、パロールなきラング、アリストテレスの定義するゲネシス・シュネケース(génesis synechés)、「保持をともなった起源」を意味しうるにすぎず、本性であるとはつねにすでに言語のなかに存在しているということを意味しているのであれば、そのときには、人間の本性は独自なしかたで分裂しているのである。なぜなら、インファンティアがそれのなかにラングとディスクールのあいだの不連続と差異を導き入れるからである。

そして、この差異、この不連続にこそ、人間存在の歴史性はその基礎を見いだすのである。人間のインファンティアが存在するからこそ、言語活動は人間的なものとは同一化されえず、ラングとディスクール、記号論的なものと意味論的なものとのあいだには差異がみられるからこそ、このためにこそ歴史は存在するのであり、このためにこそ人間は歴史的存在なのである。それというのも、純粋言語はそれ自体においては非歴史的なものであり、絶対的に考察したならば自然であって、歴史であるというなんらの必然性ももたないからである。すでに言語活動の準備ができていて生まれた人間、つねにすでに言葉をしゃべっているような人間を思い浮かべてほしい。そのようなインファンティアをもたない人間にとっては、言語活動は、なにかあらかじめ存在していて、それを自分のものにしなければならないものではないだろう。そして、彼にとっては、ラングとパロールのあいだの分裂もなければ、言語の歴史家になることもないだろう。しかし、そのような人間は、まさにそのことのために、直接その本性に結びついているだろう。つねにすでに自然であって、このことのうちには、いかなる方面からも、歴史のようなものが生み出されうる不連続や差異を見いだすことはないだろう。マルクスが「直接にその生命的活動と一体になっている」と述べている野獣とおなじように、そのような人間は生命的活動と混ざり合っていて、それを対象としてみずからに対置させることはけっしてできないだろう。

歴史にはじめてその空間を開くのは、インファンティアなのである。ラングとパロールのあいだの差異の超越論的経験なのである。このために、バベル、すなわち、エデンの純粋言語からの脱出とインファンティアの口ごもりへの入場(それは幼児が世界中のすべての言語の音素を形成するときである、と言語学者たちはわたしたちに述べている)は、歴史の超越論的起源なのだ。じっさいにも、インファンティアが人間にたいして設定してきた神秘は、歴史においてのみ解くことができる。それは、人間のインファンティアおよび祖国としての経験がなにかそこから彼がつねにすでに言語活動とパロールのなかに落ちこもうとしているものであるのと同様である。このために、歴史は語る存在としての人類の直線的時間にそった不断の進歩ではなく、その本質において、間隙であり、不連続であり、エポケーなのだ。インファンティアのうちにその本源的な祖国をもっているものは、インファンティアに向かって、そしてインファンティアをつうじて、旅しつづけていかなければならないのである。

註解

1　インファンティアと言語

人間の超越論的歴史的な本源的次元としてのインファンティアの理論がその固有の意味を獲得するのは、それが言語活動の科学のカテゴリー、とくにバンヴェニストによって定式化された記号論的なものと意味論的なものとの区別と関連させられるときである。インファンティアの理論はこの区別を首尾一貫したかたちで発展させたものにほかならないのである。

よく知られているように、この区別によってバンヴェニストは言語活動のうちに「ソシュールがこころみたラングとパロールのあいだの分割とはまったく異なる、基本的な分割」を設定している。ソシュールによって設定されたラングとパロールのあいだの区別が、通常、単純に、集合的なものと個人的なもの、「シンフォニー」とそれを発声というかたちで「実行すること」の区別として理解されているのにたいして、バンヴェニストによる区別はもっと込みいっており、むしろ、ソシュールが未刊の手稿において、ラングからディスクールへの移行の問題としてドラマティックに設定している問題に近い。「ラングはディスクールを視野に収めてしか存在しない。

だが、ラングからディスクールを分かつものはなにか。あるいは、ある時点にいたって、ラングがディスクールとして行動を起こすと言うことを可能にするものは、なんであるのか。牛、湖、空、赤い、悲しい、五、立ち割る、見るといったさまざまな概念が、ラングのなかで（すなわち、言語的な形態をまとって）準備をととのえている。どの瞬間に、また、どんな操作、それらのあいだで確立されるどんなゲーム、どんな条件によって、これらの概念はディスクールを形成するのだろうか。これらの言葉の系だけでは、その系がどんなに豊富であっても、それが喚起する観念をつうじては、ある個人にたいして、別の個人がそれらの言葉を発することによって何ものかを意味させようとしているということを指示することはけっしてないだろう」。バンヴェニストが一連の範例的な研究（「言語分析のレヴェル」一九六四年、「言語活動における形式と意味」一九六七年、「言語の記号学」一九六九年）において立ち向かっているのは、この問題である。そして、これらの研究によって、彼は言語活動のうちに二重のシニフィアンス、すなわち、指示作用の相互に対立する二つの様態を区別するよう導かれていっているのである。一方における記号論的な指示作用と、他方における意味論的な指示作用というのが、それである。

「記号論的なものは、言語的な記号に固有のものであって、それをひとつの単位として構成しているような指示作用の様態を定める。分析の必要上、記号の二つの顔を分離して考えることはできるが、指示作用という面では、それは一つのものであるし、一つのものでありつづける。記号が要求する唯一の要求は、それが存在しているということである。そして、これは、そうであるか、そうでないか、によって決定される。arbre-chanson-laver-nerf-jaune-sur であって、*orbre-*vanson-*laner-*derf-*saune-*tur ではない、といった具合に。……それ自体としてとらえたならば、記号はたんにそれ自身と同一であるというだけのことにすぎず、たんに他のあらゆる記号にたいしては異なっているというだけのことにすぎない。……記号が存在するのは、言語的共同体の構成員の全体から何ものかを指示していると認知されているときである。……意味論的なものとともに、わたしたちはディスクールによって生み出される指示作用の特殊的な様態に入る。ここで提起される問題は、メッセージの生産者であるかぎりでの言語の機能である。ところで、メッセージは、個々ばらばらに同定されるべき単位の継起に還元されはしない。記号が合算されて意味を生み出すのではない。そうではなくて、反対に、広く普遍的にとらえられた意味(「指向されたもの」)が、実現され、個々の「記号」となって分割されるのである。そして、これがパロールなのである。……意味論的な秩序は言表行為の世界およびディスクールの宇宙と一体化する。これらはたがいに概念の系列を異にしており、二つの概念世界であることは、それぞれに要求される妥当性の基準における差異をつうじても示すことができる。記号論的なもの(記号)は認知されなければならないのにたいして、意味論的なもの(ディスクール)は理解されなければならないのである。認知することと理解することとの差異は、精神のたがいに異なった二つの能力へと送り返す。一方には、先行するものと現に存在するものとのあいだに同一性を知覚する能力があり、もう一方には、新たな言表行為の指示内容を知覚する能力があるのである」。「記号論的なものはラングの本来的な性質として特徴づけられ、意味論的なものはラングを実現化する話し手の活動から結果する。記号論的な記号はそれ自身として存在しており、ラングの現実性を基礎づけるが、個別的な適用をもたらすわけではない。これにたいして、意味論的なものの表現である文は個別的なものでしかない。……この注目すべき事実をさらに詳細に考察してみると、それはわたしたちが解きほぐそうと努力している理論的な分節に光を当ててくれるようにおもわれる。ある言語の意味論的状況をもうひとつの「損なわれていない真理」の意味論的状況に移し入れることはできる。すなわち、翻訳が可能なのだ。しかし、ある言語の記号論的状況を他の言語のそれに移し入れることはできない。すなわち、翻訳は不可能なのである。ここで人は記号論的なものと意味論的なものの違いに触れているのである」。

したがって、ソシュールがほんの少し言及したにすぎない問題がバンヴェニストによってその全幅の拡がりにおいて分節されたのであったとすれば、そして、それどころか、それが中心的重要性をもつことを認知したことがバンヴェニストに言語活動の科学の新しい実りゆたかな章の土台をすえることを可能にしたのであったとすれば(たとえば、言表行為の理論を想い起こしてみよう)、だからといって、ソシュールの問い(「なにがラングからディスクールを分かつのか、なにが、ある時点にいたって、ラングがディスクールとして実現されるようになると言うことを可能にするのか」)は、排除されるわけではないのである。じっさいにも、バンヴェニストは、二つの秩序(記号論的なものと意味論的なもの)が分離し相互に交通することがないままにとどまっていて、一方から他方への移行に根拠をあたえることが理論上は許されないことを認めている。彼は書いている。「記号の世界は閉じている。記号から文への転移は、連辞作用によってであれ、それ以外のなんによってであれ、存在しない。ひとつの断絶が両者を分かっている」と。これがほんとうなら、ソシュールの問いはただ形を変えただけで、いまはこう発せられることになるだろう。「なぜ人間の言語活動は、もともとこの断絶をもたらすように作られているのか。なぜ二重の指示作用が存在するのか」と。

この問題にインファンティアの理論は首尾一貫した回答をあたえることを可能にしてくれる。じっさいにも、わたしたちがインファンティアという言葉でもって思い描いている超越論的歴史的な次元は、まさしく、記号論的なものと意味論的なもの、純粋言語とディスクールのあいだの「断裂点」に位置している。そして、いわばその根拠を提供しているのである。人間がインファンティアをもつという事実(すなわち、話すためには、インファンティアから脱して、みずからを言語活動における主体として構成しなければならないという事実)こそは、記号の「閉じた世界」をうち破り、純粋言語を人間のディスクールへと、記号論的なものを意味論的なものへと、変貌させるのである。インファンティアをもっているかぎりで、つねにすでに話す存在ではないかぎりで、人間は、言語を根本的に変貌させることなくしては、言語をディスクールとして構成することなくしては、記号の体系としての言語のなかに入ることはできないのである。

こうして、バンヴェニストが口にしている「二重の指示作用」というのがどういった意味において理解されなければならないかが明らかになる。記号論的なものと意味論的なものとは二つの実体的な実在ではなくて、むしろ、人間のインファンティアを定義すると同時にそれによって定義される、二つの超越論的な限界である。記号論的なものは、バベル以前の自然の純粋言語にほかならず、人間は話すためにこれに参与するが、しかしまた、つねにそこからインファンティアのバベルへと抜けだそうとしている。意味論的なものにかんしていえば、それは記号論的なものがディスクールの世界へと瞬時出現したものとしてしか存在しないのであって、その諸要素は、口から発せられるやいなや、ふたたび純粋言語へと落ちこんでいくのであり、これらの要素を純粋言語はその沈黙の記号の辞書のなかにふたたび回収するのである。ただほんの一瞬だけ、イルカのごとく、人間の言語活動は自然の記号論的な海から頭を外に持ち上げるにすぎない。しかし、人間的なものとは、もともと、純粋言語からディスクールへのこの移行以外のものではない。そして、この転移、この瞬間が、歴史なのだ。

2 文法学の誕生

このような見方のもとでこそ、わたしたちは文法学と論理学の誕生と、言語の構築へと導いていった言語活動にかんする千年以上にわたる反省の過程とを眺めてみなければならない。わたしたちはいつも人間の言語を「分節された」言語とみなすことに馴らされてきた。しかし、「分節された」とはどういう意味なのか。「分節された」、アルティクラトゥス(articulatus)というのは、ギリシア語のエナルトス(énarthos)がラテン語に翻訳されたもので、これは古代の文法学者たちに深い影響をおよぼしてきた言語活動にかんするストア派の省察の専門用語に属するものであった。じっさいにも、古代の文法学者たちは彼らの論述を音声、フォーネー(phōnḗ)の定義でもって始めていた。彼らは、なによりもまず、動物たちの混濁した音声(フォーネー・シュンケキュメネー=phōnḗ synkechyménē)から人間の音声を区別していた。人間の音声のほうは、逆に、フォーネー・エナルトス(phōnḗ énarthos)、分節された音声なのであった。しかし、この人間の音声の分節された性格がどこに存するのかを問うてみるなら、フォーネー・エナルトス(phōnḗ énarthos)、ウォークス・アルティクラタ(vox articulata)とは、たんにフォーネー・エングランマトス(phōnḗ engrámmatos)、ラテン語の翻訳では、ウォークス・クアエ・スクリービー・ポテスト(vox quae scribi potest)、あるいはウォークス・クアエ・リッテリス・コンプレヘンディー・ポテスト(vox quae litteris comprehendi potest)を意味しているにすぎないことがわかる。すなわち、書くことのできる音声、文字によって把握することのできる音声のことなのだ。混濁した音声というのは、動物たちの、書くことのできない音声(「馬のいななく声、犬の吠える声、野獣の吼える声」)のことであり、あるいは、人間の音声のうちで、口笛とか、笑い声とか、しゃっくり声のような(「たとえば、口の発する笑い声やひゅうひゅうという声、胸の鳴動、その他」)、書くことのできない部分のことである。

したがって、分節された音声というのはフォーネー・エングラマトス、すなわち文字に書き写されて把握されるようになった音声にほかならない。ここでわたしたちはアルファベット文字がわたしたちの文化およびその言語活動概念におよぼしている根本的な影響力をつかまえることができる。じっさいにも、アルファベット文字だけが、音声を捕捉したという幻想、それをグランマタ(grámmata)〔文字記号〕のうちに把握し刻印したという幻想を生み出すことができるのである。アルファベット文字による音声のこの「把捉」の根本的重要性を十分に考慮するには、数が現実に事物のなかに存在しているかのように思いなすのとおなじようにして、文字、グランマタも、ほんとうに音声のなかに要素、ストイケイオン(stoicheîon)として存在しているかのように思い描く(ギリシアにおいては、アルファベット文字と数学、文法学的省察と数学的‐幾何学的省察とがきわめて近しい関係にあったことを想起されたい)、素朴な、しかしまたかくも広く普及している表象から、解き放たれなければならない。音声学が発達をとげていくなかで言葉の音をそれらの分節的かつ音響的な面においてつかまえようとするときに隘路に逢着するにいたったことは、この観点からは、ことのほか教訓的である。ドイツ人の音声学者パウル・メンツェラート〔一八八三―一九五四年〕の製作したフィルムは、言葉の行為のなかになんらかの継起関係となんらかの下位区分を見つけだすことはおよそ不可能であって、言葉の行為は、分節という観点からは、中断されることのない運動として立ち現れており、そこでは、音は継起するのではなく、たがいに絡み合っていることを明らかにしている。厳密に音響学的な分析でさえもが、言葉のそれぞれの音がそれをひとつの体系に秩序づけることは不可能なほど多くの個別性を呈していることをあらわにするのである。

まさに言語音を分節という観点あるいは音響の観点から把捉することは不可能であるという自覚が、音韻論の誕生、すなわち、言語の音声からの離脱と、ストア思想から新文法学者たちの音声学にいたるまで問題の外に放置されたままになっていた言語と音声のあいだのきずなの裁断を可能にしてきたのだった。この裁断が完遂されるとともに、音声および具体的なパロールの行為にたいしてラングが根本から自立したものであることが明白になる〈フランスの言語文献学者ミシェル・ブレアル〔一八三二―一九一五年〕の言葉遊びを取りあげなおして、「音韻論(phonology)」という用語の空想的な語源学をこころみ、そこにパロールの暗殺者――ギリシア語でフォノス(phonos)という――を見つけだしてみてもよいだろう〉。まさにこのために、音声との本源的な関係を断ち切ってしまった知は、いまや、みずからが位置するための別の場所を探さなければならないのであり、それを無意識的な構造、〈無意識〉、すなわちみずからを知らない知、主体のいない知へと送付させるのである。音韻論の音素、レヴィ＝ストロースの構造、チョムスキーの生成文法、これらはすべて、〈無意識〉のうちに身を置いている。すなわち、古典的な科学が、デカルトから一九世紀にいたるまで、ロゴス、つまりはホモ・サピエンスとホモ・ロクエンスのあいだの媒介者を〈自我〉のうちに、言語活動の主体にほかならなかった意識のうちに設定していたのにたいして、今日では、科学はもはやこの主体を必要とはしておらず、ロゴスを〈無意識〉、つまりはみずからを知らない隠された知のうちに位置づけるほうを好んでいるのである。それでもなお、この無意識が、それをなんと特徴づけようとも、ロゴスであるという事実に変わりはない。それは、音韻論とレヴィ＝ストロース的な無意識の場合には、ラングという論理的な面においてのロゴス、純粋の数学的‐示差的な構造であり、精神分析の場合には、パロールという面においてのロゴスなのだ。

形而上学の歴史における第二の基礎づけ的なモメントは、そこでは、パロールの具体的な現実からラングが純粋に指示作用的なモメントとして孤立させられるようになったということである。それは、バンヴェニストが記号論的な様態として区別し、意味論的な様態に対置させたものに当たる。すでにプラトンも『ソフィスト』において名指しするロゴスを言述するロゴスから明確に区別してはいたが、決定的な一歩が歩み出され、これとともに、西洋的な論理学が誕生することになったのは、アリストテレスの『範疇論』においてである。アリストテレスは書いている。「言われるもののうち、あるものは連結にしたがって(katà symplokḗn)言われ、あるものは連結なしに(áneu symplokḗs)言われる。一方では、人が走る、人が勝つ、といったように、連結にしたがって言われる。そして他方では、人、牛、走る、勝つ、といったように、連結なしに言われる」(1a16–19)。この一見しただけでは言わずもがなのことのようにおもわれる確認のうちには、しかしながら、根本的な重要性をもつひとつの出来事が遂行されている。すなわち、人間の言語活動のなかで、連結なしに言われるということ、つまりは、いかなるディスクールというかたちをとって言われるのでもないが、ラングとして、カテゴリーの演繹と論理学の構築を可能にするロゴスが、孤立して取り出されているのである。じっさいにも、わたしたちの読んだ文のなかで、レゲイン(legein)、言うという動詞は、完全に区別された二つの意味において使用されている。第一の場合(連結によって語ること)には、パロール、具体的な人間的ディスクールが問題になっているのにたいして、第二の場合(連結なしに語ること)の場合には、ラング、あるいはせいぜい文法的メタ言語が問題になるのである(じっさいにも、連結なしには、現実にはなにひとつ言うことができないことは明らかである)。

アリストテレスからフッサールとウィトゲンシュタインにいたるまで、西洋の論理学はすべて、ラングの領域のパロールの領域からのこの区別に依拠している。こうして、一例をあげるなら、『論理学研究』の第四研究〔「独立的意義と非独立的意義の相違および純粋文法学の理念について」〕において、フッサールが独立的意義と非独立的意義、単純な意義と合成された意義の区別から出発して遂行している分析のすべてが意味をもつのは、ただ、そしてもっぱら、ラングとパロールの区別およびディスクールの諸部分の文法的分析はすでに解決済みであるとみるような言語活動観の範囲内においてのことである。西洋の論理学は、パロールの停止、エポケーから誕生している。すなわち、「人、牛、走る、勝つ」といったようなものが現実に人間の言語活動のなかに存在するという考え方から誕生している。それは文法学上のカテゴリーを前提にしており、それらのカテゴリーから分離しては存在しえないのである。

しかし、アリストテレスがなおも、論理学の立てる諸分類はラングとパロールの区別、連結なしに言うことと連結をともなって言うこととの区別の範囲内においてのみ妥当するという事実を意識していたのにたいして（彼は何度かにわたって、「これらの術語（カテゴリー）はいずれもそれ自体としてはなんらかの命題のかたちでは言表されない。命題はそれらの相互的なシュンプロケー〔連結〕から生じる」と主張している）、このことはその後の論理学と哲学からは忘れ去られてしまっている。その後の論理学と哲学はもはやラングとパロールを区別することなく、パロールのうちにたんにラングの作動態を見ているにすぎない。

ラングとパロールのあいだの還元しえない差異をこのようにして忘却してしまったことが、形而上学の基礎づけ的な出来事をなしている。この忘却をつうじてこそ、ロゴスはその絶対的な支配を主張することができているのである。このために、現代言語学において、とりわけ、バンヴェニストの仕事において、ラングおよび記号論的な次元をパロールおよび意味論的な次元から分かっている還元しえない差異が再発見されたということは、今日、論理学および哲学を根本的に問題にふすための土台を構成している。この差異を定式化するなかで、言語活動の科学はその迂回しえない限界に到達する。そして、その限界をこえては、それは哲学に変貌することなしには前に進んでいくことができないのである。

3　自然と文化、あるいは二重の遺伝

哲学者と文化人類学者とのあいだでかくも活発な議論がつづけられている自然と文化の対立は、生物学者になじみ深い内因的な遺伝と外因的な遺伝というかたちに置き換えてみたとたん、その意味するところがいっそう明白になる。この見方のもとでは、自然は遺伝学的コードをつうじて伝達される相続財産を意味するのみであるのにたいして、文化は遺伝学上のものではない媒体をつうじて伝達される相続財産であって、そうした媒体のうち最も重要なものがいうまでもなく言語活動なのだ。こうして、ホモ・サピエンスとは、自然的言語（遺伝学的コード）の補助者として外因的な言語活動（文化的伝統）を付け加えた存在であるかぎりで、二重の遺伝によって特徴づけられた生物であると定義することができる。しかし、考察をこのようなものにとどめていると、まさに問題の最も本質的な面を陰に放置したままにしてしまうことになりかねない。その問題の最も本質的な面というのは、二つの遺伝形態のあいだに介在している諸関係の総体のことである。その総体をたんなる対立関係に還元することはなんとしても不可能なのである。

なによりもまず指摘しておかなければならないのは、言語活動にかんする最新の研究は言語活動が全面的には外因的な領域に属していないことを証明しようとする傾向にあることである。たとえば、言語学上の生得主義のテーゼのチョムスキーによる再定式化に並行して、エリック・ハインツ・レネバーグは、言語活動の生物学的基盤を明るみに出すことに努めてきた。たしかに、

動物種の大部分において見られるもの（そして、デイヴィッド・ベントレーとロナルド・R・ホイが最近コオロギの啼き声について証明したもの――したがって、コオロギの啼き声にかんしては、わたしたちは、マラルメとともに、自然の「単一にして解体されていない声」をほんとうに目にすることができるのだが）と違って、人間の言語活動は遺伝学的コードに全面的に登録されているわけではない。すでにソープが指摘していたように、鳥類のうちの一部は、同種の個体の歌声を聴き取る可能性を早い時期に失ってしまって、正常な歌声の一部分しか発することができず、ひいては、ある程度までは、歌声を学習する必要がある、と言うことができるなら、人間の場合には、言語活動に身をさらすことは言語活動を習得するための不可分の条件であるのだ。人間の言語活動の構造を理解するうえでその重要性をいくら強調しても強調しすぎることはないとおもわれるひとつの事実は、もしも子供が二歳から一二歳までの時期に言葉が実際に発せられている現場に身をさらしていなかったとしたら、その子供が言語活動を習得する可能性は決定的な危険にさらされる、ということである。古くからの伝統によって主張されてきたのとは逆に、人間は、この観点からは、「言語活動をもった動物」ではないのであって、むしろ、それを欠いており、したがって、それを外部から受け取らなければならない動物なのである。

他方、言語活動の外因的な面を明るみに出したこれらのデータとならんで、他の要素は（子供が年齢とともに言語を習得していく様子は世界中で一致している、というヤーコブソンによって指摘された事実や、チョムスキーが注意をうながした、外部から受け取った言語的データと子供の言語能力とのあいだの不均衡など)、言語活動が、ある程度までは、内因的な領域にも属しているのではないか、と想定させる。しかしまた、そうであるからといって、言語活動が遺伝的コードに登記されているとかんがえる必要はないし、言語活動の遺伝子のようなものがこれまでに確認されたこともない。たしかなことは――レネバーグが証明したように――、動物種の大多数においては、伝達行動は遺伝的にあらかじめ定められた成熟の法則にしたがって、変化することなく発達をとげていき、その動物が、最後には、いずれにせよ、種に特徴的な合図のレパートリーを自由にあやつれるようになるのにたいして、人間の場合には、言語活動への性向(コミュニケーションへの準備ができていること)と、この潜在的可能性の現実化の過程とのあいだには、分離が生じている、ということである。すなわち、人間の言語活動は、元来、内因的な領域と外因的な領域に分裂していて、この二つの領域のあいだで、現実化を生み出す共鳴現象が確定される(確定されうる)ことが判明するのである。もし外因的な遺伝に身をさらすということが脳の柔軟性(レネバーグによれば、これは一二歳前後に完成する脳のラテライト化の過程でその極点を迎えるという)の発達の一定の局面で起こらなかったとしたなら、言語活動への性向は取り返しがたく失われてしまうだろう。

もしこれがほんとうなら、内因的遺伝と外因的遺伝、ヒトにおける自然と文化の二元性は、新しいしかたで理解されなければならなくなる。それは二つの異なった、たがいに交通のない領域を確定する対立関係ではなくて、文化の基本要素であるとつねにかんがえられてきた言語活動そのものにすでに登記されている二重性なのだ。人間の言語活動の特徴をなしているのは、それが外因的な領域に所属するのか、それとも、内因的な領域に所属するのかといったことではなく、それがこの二つの領域のあいだにいわば馬乗りになっており、したがって、それは両者の差異と同時にまた両者の共鳴に分節されているということなのである。この見方のもとでは、ラングとディスクール、無意識的な音素のレヴェルとディスクールの意味論的なレヴェル、形態と意味の対立といった、言語活動のさまざまなレヴェルすべてにおいて出会う二元的な対立は、特別の意義を獲得する。外因的遺伝と内因的遺伝とに分裂しているので、人間の言語活動は、一方から他方への移行をゆるすような構造を必然的にもたざるをえなくなる。ここで、共鳴関係に入る二つの線型振動子についての〔フランスの数学者〕ルネ・トム〔一九二三―二〇〇二年。カタストロフィー理論の考案者として知られるフランスの数学者〕のイメージをとりあげてみるなら、二つの振動子は、もともとは別個のものでありながら、共鳴現象を可能にする共通の質的特性を呈していて、ひとたび共鳴が起こってしまったなら、二つのシステムはそれぞれの独立性を失って、単一のシステム〔共鳴のシステム〕を形成することがわかる。これとおなじように、わたしたちは内因的なものと外因的なもの、自然と文化を、言語活動のなかで共鳴関係に入ることによって新しい単一のシステムを生み出す二つの別個のシステムとしてとらえることができる。しかしまた、その場合には、二つのシステムが共鳴関係に入るのを可能にする媒介的な要素がなくてはならない。この要素が、ヤーコブソンが言語活動の音素的レヴェルとして記述したもの〔あるいは、習得の次元で、チョムスキーが一般生成文法として組み立てたもの)であったのだ。

　こうしてみると、ヤーコブソンが音素の様態と存在場所の問題を存在論に送付したという事実は、たんにアイロニカルな手続きであるというようにはとらえられなくなる。音素、この「純粋で空虚」であると同時に「指示内容をもたずに指示する」差異的記号は、本来的な意味では、記号論的なものにも意味論的なものにも、ラングにもディスクールにも、形態にも意味にも、内因的なものにも外因的なものにも属さない。それらは、これら二つの領域のあいだの同一性と差異(プラトンならコーラ(chora)と言っただろうもの)のなかに位置している。その「場所」を指示するには、おそらく、位相幾何学的な記述をあたえるしかなく、それは、わたしたちがさきに人間のインファンティアとして定義したあの超越論的歴史的な領野——言語活動の主体以前のところにあるが、だからといって、身体論的に実体化することは不可能な領野——と一致している。

　このように、内因的なものと外因的なもの、自然と文化のあいだの差異のうえに構造化されていることによって、言語活動は、二つのシステムを共鳴させ、両者の交通を可能にする。そして、このように連続していると同時に不連続な二つの次元のあいだの限界に位置しているからこそ、人間の言語活動は純粋に記号論的な領域を超越して、(バンヴェニストの表現にしたがえば)「二重の指示作用」を獲得することができるのである。

　ただひとつの次元だけに全面的に含みこまれているような言語活動は(そして、カエルの鳴き声も、人間によって用いられる、言語活動以外の記号システムも、そのようなものなのだが)、どれも、必然的に記号論的なもののなかにとどまっており、――機能するためには――たんに認知されることだけを必要としていて、理解されることは必要としていない。唯一人間の言語活動だけが、――内因的なものと外因的なものの双方に所属しているかぎりで――記号論的な指示作用に別の意味を付加するのであり、記号の閉じた世界を意味論表現の開いた世界へと変貌させるのである。このために、人間の言語活動は――ヤーコブソンが指摘するように――（まさに、わたしたちが見たように、記号論的なものから意味論的なものへと移行していくのに役立つがゆえに）指示的な作用をもつと同時に指示内容を欠いた要素（音素）で構成された唯一の記号システムなのである。

ひいては、人間のインファンティア――これにわたしたちはさきに経験と歴史の起源を見さだめてきたのだが――がその本来の意味を獲得するのは、それがヒトにおける外因的遺伝と内因的遺伝のあいだの差異の背景のうえに配置されるときなのである。

4　レヴィ＝ストロースとバベルの言語

このように、純粋言語と人間の言語活動、記号論的なものと意味論的なもののあいだには、インファンティアが位置しているということは、現代における人間諸科学を根本から変革してきたある仕事、つまりはレヴィ＝ストロースの仕事の意味を新しいしかたで理解することを可能にしてくれる。それというのも、人間の行為についてのレヴィ＝ストロースのとらえ方を特徴づけているものは、著者が、それらを理解しようとするにあたって、全面的に純粋言語の場に、すなわち、断絶の存在しない場、ラングとディスクール、記号論的なものと意味論的なもののあいだにインファンティアの存在しない場に、身を置いているということであるからである(彼の研究が音声学から、すなわち、もっぱらラングの次元に身を置いた科学からやって来ているという事実は、この観点からは、偶然ではない)。このラングとディスクールのあいだの断絶の不在は、リクールが——レヴィ＝ストロース自身が(『生のものと火を通したもの』一九六四年の「序曲」のなかで)関連を認めたある分析(「象徴と時間性」一九六三年)において——レヴィ＝ストロースの思想を「超越論的主観のいないカント主義」と定義し、構造にかんして、「フロイト的というよりはむしろカント的な無意識、カテゴリー的、組み合わせ的な無意識……自然にも似た……思考する主体に言及することのないカテゴリー・システム」ということを口にすることができたのはどのようにしてであったのか、を説明してくれる。なぜなら、デカルト以降、哲学者たちが言語活動の主体のうちに探求してきた、あの本源的な基礎を、レヴィ＝ストロースは、逆に(そしてこれが彼の天才たるゆえんなのだが)、主体を飛び越えて、自然の純粋言語のうちに見いだしているからである。しかし、これをおこなうためには、彼は、人間のディスクールを純粋言語に翻訳することによって、一方から他方へ断絶なしに移行していくのを可能にしてくれる機械を必要とする。この種の機械のひとつが、レヴィ＝ストロースの神話概念である。じっさいにも、レヴィ＝ストロースは神話のうちにラングとパロールのあいだの中間的な次元を見ている。「神話は、言語活動の領域にあって、物質の世界における結晶の位置にたとえうる位置を占めている言語的存在である。じっさいにも、一方ではラングにたいして、そして他方ではパロールにたいして、それが占めている位置は、結晶、つまりはさまざまな分子の統計的集合体と分子構造それ自体とのあいだの中間物が占めている位置に類似している」。(このようにして、神話が、記号論的なものと意味論的なものの対立関係――これをバンヴェニストはまさしく翻訳の可能性と不可能性の対立として特徴づけているのだが――にたいして中間的な領域を占めるようになることは、レヴィ＝ストロースが神話を「翻訳者は裏切り者という定式の価値が実際上ゼロに向かおうとしているディスクールの様態」と定義するとき、それとなく示唆されている)。

　この意味において、レヴィ＝ストロースの仕事はすべて、人間の言語活動をバベル以前の言語に、歴史を自然に変貌させる機械であるということができるだろう。このため、ディスクールからラングへの移行が問題になるとき(すなわち、人間のうちに存在する自然を定義することができるようなものが問題になるとき)にはかくも啓発的な彼の分析も、ラングからディスクールへの移行が問題になるとき(すなわち、人間の自然を定義することができるようなものが問題になるとき)には、ほとんど用をなさないのである。この観点からすれば、インファンティアは、まさしく、レヴィ＝ストロースのものとは正反対の機械であって、バベル以前の純粋言語を人間のディスクールに、自然を歴史に、変貌させるのである。

5　インファンティアと秘儀

人間的なものの本源的な次元としてのインファンティアという見方に立つなら、研究者によってさまざまに解釈されてきた古代の秘儀的な経験の本質は、おそらく、より把握しやすいものになる。それというのも、その経験が——パテーマ（páthēma）として——、最終的には、死を先取りすることにあること——死ぬこと（teleutân）と秘法を伝授されること（teleîsthai）とはおなじことである、とプルタルコスは述べている——はたしかであるとするなら、しかしながら、まさにすべての原典が一致してその経験にとって不可欠なものであるとわたしたちに証言しており、そこから（口を閉じたままでいること、もごもごと口ごもっていることを指す、*mu から）「秘儀（mistero）」という名称そのものが出てきている要素、すなわち、沈黙については、これまで十分に納得のできる説明が発見されてこなかったからである。その本源的な形態においては、秘儀的経験の中心をなしているのは知ることではなくて、苦しみに耐えることであった——アリストテレスの言によれば、ウー・マテイン、アラ・パテイン（ou matheîn, allà patheîn）——というのがほんとうなら、そしてこのパテーマが、本質において、言語活動から引き抜かれていること、話すことができないでいること、口を閉じたまま、もごもごと口ごもっていることであったとしたなら、そのときには、この秘儀的経験は、これまでに見てきた意味においての人間のインファンティアの経験にきわめて近いものであったのである(イニシエーションの聖なるシンボルのなかに遊び道具——プエリリア・ルディクラ(puerilia ludicra)——が姿を見せているという事実は、この点にかんして、有益な調査分野を提供してくれるだろう)。

しかし、おそらくはすでに古代においても、そしてたしかにわたしたちがそれについての情報をより多く入手している時期(すなわち、紀元後四世紀に始まる、秘儀が最大限の普及を見た時期)においては、古代世界は、この秘儀的なインファンティアを、それについては口をつぐんでいなければならないひとつの知として、守るべき沈黙として、解釈している。イアムブリコスの『秘儀について』のなかで提示されているように、秘儀はいまや「神に取り憑かれるための術」なのだ。すなわち、本質的には、ひとつのおこない方の習得、神々に影響を及ぼすための「テクニック」なのである。ここでは、パテーマはマテーマに転化する。インファンティアの話すことができないでいる状態は、秘儀的な沈黙の誓いが重たくのしかかる秘められた教義となるのである。

このため、人間の本源的次元としてのインファンティアの真理をふくんでいるのは、ファーブラ(fabula)〔物語〕、すなわち、人がただ物語ることができるだけの何ものかであって、それについては黙っていなければならない秘儀ではないのである。それというのも、昔話の人間は、秘儀的な沈黙の義務から解き放たれて、それを魔法に変えるからである。彼から言葉を奪うのは、魔法にかかることによってであって、秘儀的な知に参加することによってではないのだ。こうして秘儀的な沈黙は、呪いとして被られて、人間をふたたび純粋で物言わぬ自然の言語のなかに封印してしまう。しかしながら、魔法である以上、それは最後には破られ克服されなければならない。このため、昔話のなかでは、人間は口がきけなくなるのにたいして、動物たちは自然の純粋言語から抜け出して話しだすのである。二つの領域が暫時入り乱れることをつうじて、昔話は閉じた口の世界、語根 *mu の世界にたいして、開いた口の世界、インド＝ヨーロッパ語の語根 *bhā（ここから「ファーブラ」という言葉は出てきている）の世界を妥当させるのだ。

　中世の定義によれば、ファーブラとは「物言わぬ動物たちが……話をする存在であるかのように想像されている」叙述のことであり、そのようなものとして、本質的に「自然に反する」ものであるという。が、このような見方に立つなら、それは一見したときにそうと見えるよりはずっと多くの真実を内包していることがわかる。じっさいにも、昔話は、閉じた口／開いた口、純粋言語／インファンティアといったような、カテゴリーの逆転をつうじて、人間と自然とが、歴史のなかにそれぞれがみずからの持ち場を見いだす前に、役割を交換する場所である、と言うことができるだろう。

おもちゃの国

歴史と遊戯にかんする省察

クロード・レヴィ゠ストロースへ
七〇回目の誕生日に敬意を表して

だれもが知っているように、コッローディの小説〔『ピノッキオの冒険』一八八三年〕には、ピノッキオが言葉を話す小さな驢馬の尻に乗って一晩旅をしたのち、明け方、首尾よく「おもちゃの国」に到達するという話が出てくる。この空想の子供の国を描写するなかで、コッローディは、遊戯以外にはなにも存在しない世界についてのイメージをわたしたちに残している。

> この国は世界のほかのどの国とも似ていませんでした。住民は全員子供でした。いちばん年長の子供で一四歳、もっとも年が若い者はまだやっと八歳になったばかりでした。通りには陽気な声とおしゃべりと悲鳴に満ち満ちていて、正気の沙汰ではありません。いたるところ、いたずら小僧の群れまた群れ。クルミ投げをしている者もいれば、石蹴りをしたり、ボール投げをしたりして遊んでいる者もいます。早足で歩いている者もいれば、木でできた馬に乗っている者もいます。こちらでは鬼ごっこをしているかとおもえば、あちらでは駆けっこをしています。また、ある者は道化の恰好をして、火のついた詰め綿を食べています。詩を朗

読していいる者もいれば、歌を歌っている者もおり、宙返りをしている者や、逆立ちをして歩いている者もいます。輪投げをしている者がいるかとおもえば、将軍の衣裳をして、紙のかぶとを被り、張り子のサーベルを手に持って散歩している者もいます。笑っている者やうなり声をあげている者、人を呼んでいる者や拍手している者、口笛を吹いている者や雌鶏が卵を産むのをからかっている者がいます。要するに、耳に綿を詰めていないと耳が聞こえなくなってしまいかねないほどの大混乱、甲高い叫び声、度を越したばか騒ぎ。広場はどこもかしこもおもちゃの劇場なのでした。

この遊戯による生活の侵略は、ただちに時間の変化と加速化をもたらす。「たえまない気晴らしと色とりどりの娯楽にうち興じているあいだに、時刻、日にち、週は電光石火のごとくに過ぎていきました」。予見できたことだが、時間の加速化は暦にも影響をおよぼさずにはいない。暦というものはリズムと交替と反復を本質としているものなのだが、それがいまや停止してしまって、祭りの一日が際限なく続くのだ。「どの週も、六日間は木曜日で、一日が日曜日なんだ。考えてもみたまえ、秋の休暇が一月の最初の日に始まって、一二月の最後の日に終わるんだよ」とルチーニョロはピノッキオに説明する。

すなわち、ルチーニョロの言葉を信じるなら、おもちゃの国の「大混乱」「甲高い叫び声」「度を越したばか騒ぎ」は、結果として、暦の麻痺と破壊をもたらすのである。

ルチーニョロの説明は、すこしばかり立ちいって省察してみる値打ちがある。じっさいにも、よく知られているように、古代には、そして今日でもいわゆる未開の諸民族（これは、レヴィ＝ストロースの示唆するところにしたがって、「冷たい社会」あるいは変化のない歴史を反復する社会と呼んだほうがよいだろう）のもとでは、「大混乱」「甲高い叫び声」「度を越したばか騒ぎ」は、逆に、暦の安定性をうち立て確固たるものにするという任務を有していたのであった。民族誌家や宗教史家が「新年の儀式」と呼んでいる、時間と空間においてたがいに遠くかけ離れたさまざまな文化に共通してみられる儀礼総体のことを考えてみるとよい。それらは、飲めや歌えの乱痴気騒ぎ、社会的位階秩序の停止ないしは転倒とあらゆる種類の放縦を特徴としている。しかも、その目的はといえば、それはとにかくにも時間の再生を確固たるものにし、それとともに、暦の固定を図ることにあるのであった。ここに、古代の中国人が新年の月々を司る一二の守護神の即位を祝って催していた「角抵《かくてい》」と呼ばれる儀式についての記述がある。この慣わしを不都合なものとみていた文人の柳彧《りゅういく》は書いている。「わたし自身見たことであるが、正月の満月の夜には、きまって道や路地は人々で埋め尽くされてしまうのだ。そして、その夜には太鼓の大音響が耳をつんざいて天に轟き、かがり火が地を照らす。人々は動物の仮面をつけており、男は女装している。また、歌い手や芸人は異形の恰好をしている。男も女もいっしょに見物にいき、たがいに避けあうどころか、あい和している。人々は自分たちの富をかえりみず、先祖から受け継いできた財産を蕩尽してしまうのだ」[1]。フレイザーは年の暮れにおこなわれていたカルイン（calluinn）

（ばか騒ぎ）と呼ばれるスコットランドの古い祭りについて書いているが、それによると、そのときには、雌牛の皮をまとった男が、がやがやと騒ぎながら棒でその皮を打ち鳴らしている大勢の子供たちを付き従えて、太陽が回るのを真似しながら、家々を三巡して回っていたという。また、バビロニアの新年の祭り、アキツ（akitu）は、最初の段階では、原初のカオスの復元と社会的秩序の転倒を含意していたのだが、これはその年の一二の月のそれぞれにたいして予言がなされる「籤の祭り」（ザクムク＝zakmuk）と隣接した関係にあった。そして、ペルシアの新年、ナウロス（nauróz）は、一年間の人間の運命が確定される日でもあった。

かくも多種多様でかくも異質な文化に属する儀礼の比較から引き出すことのできる結果は、ことによると、学問的にはどうでもよいことなのかもしれない。むしろ指摘しておいてよいのは、このような儀礼と暦のあいだに認められる関係は新年の儀礼だけに通用するものではないということである。儀礼と暦のあいだの機能的関係は、総じて、きわめて緊密なものであって、レヴィ＝ストロースは、最近の研究のなかで、「儀礼は暦の諸階梯を確定し、場所は旅の諸階梯を確定する。場所は延長を動かし、儀礼は持続を動かす」、また、「儀礼的なものに固有の機能は……生きられたものの連続性を保護することである」と書くことができたほどであった。(2)

もしこれが真実なら――そしてルチーニョロの省察がまじめにとられるべきものであるなら――、わたしたちは遊戯と儀礼のあいだには照応と同時に対立の関係が存在するのではないかという仮説を立ててみることができる。両者はともに暦および時間と関係をとりむすんでいるが、しかしまた、この関係はそれぞれの場合では逆立したものになっているという意味においてである。儀礼のほうは、暦を固定し構造化する。これにたいして、遊戯のほうは、その様式と理由についてはいまのところはまだわからないが、それを変化させ破壊するのである。

遊戯と儀礼のあいだには逆立した関係があるのではないかという仮説は、じつをいえば、一見してそう見えるかもしれないほど恣意的なものではない。じっさいにも、研究者たちは、ずっと以前から、遊戯の領域と聖なるものの領域とが緊密に連結していることを知っている。数多くの十分資料に裏づけられた調査研究が、わたしたちの知っている遊戯の大部分の起源が古代の聖なる儀式のうちに、舞踏や儀礼的な戦闘や神占などのうちに、見いだされることを明らかにしている。たとえば、ボール遊びのうちには、神々が太陽を所有しようとして闘っていたという神話の儀礼的表象の痕跡が認められる。ジロトンド〔手をつなぎ、輪になって歌いながらぐるぐる回る遊戯〕は古代の婚姻儀礼だった。賭け事は神託をうかがうための儀式から派生したものだった。独楽とチェスボードは神占のための道具だった。

バンヴェニストは、偉大な言語学者の書いたものとしては異彩を放っているある研究のなかで、人類学者たちの結論から出発して、この遊戯と儀礼のあいだに認められる関係を深化させ、両者をひとつに結びつけているものだけでなく、両者を対立させているものにも探りを入れている。遊戯が聖なるものの領域から出てきていることが真実であるとすれば、それが聖なるものの領域を根本的に変容させていること、それどころか、遊戯とは「転倒した聖なるもの」であると無理なく定義しうるほどまでに、聖なるものの領域を覆してしまっていることも真実であるというのだ。バンヴェニストは書いている。(3)「聖なる行為の力は、まさしく、歴史を表明する神話と歴史を再生産する儀礼とを結びつけていることのうちにやどっている。この図式と遊戯の図式とを比較してみるならば、両者のあいだには本質的な相違のあることがわかる。遊戯においては、儀礼だけが生き残っている。そして、聖なるもののドラマの形式のみが保存されて、あらゆる事物がそのつど最初から定立しなおされるのだが、神話のほうは、すなわち、行為に意味と効果をあたえる、含みのある言葉による物語化のほうは、忘却されるか廃棄されてしまっているのだ」。同様の考察は、ヨクス(jocus)、すなわち、ことば遊びにたいしても、通用する。「ルードゥス(ludus)とは逆に、しかしまた対照的な仕方で、ヨクス(jocus)はたんなる儀礼からなっており、それに現実への取っかかりをあたえうるようないかなる神話も対応してはいないのである」。これらの考察はバンヴェニストに遊戯を構造として定義するための諸要素を提供する。「それは聖なるもののうちに起源をとりながら、聖なるものについての転倒し粉砕されたイメージを提供する。聖なるものが神話と儀礼の同質的一体性ということをつうじて定義されうるとすれば、聖なる操作の半分だけが遂行され、言葉へは神話だけを、そして行為へは儀礼だけを翻訳するとき、遊戯が生まれるということができる」(4)。

そこで、ルチーニョロの考察から示唆された遊戯と聖なるものとのあいだの逆立した結びつきは、実質的に正確なものであったことが判明する。おもちゃの国では、住民たちは儀礼を執り行い、聖なる対象や言葉を操作することに専念しているのだが、しかしながら、その意味と目的は忘却してしまっているのだ。そして、この忘却をつうじて、バンヴェニストのいう粉砕と転倒をつうじて、それらが聖なるものを暦およびそれが認可する時間の循環的リズムとの結びつきから解き放ち、こうして、時刻が「電光石火」のごとくに走りすぎていきながら、日々に変化はないといったような、時間のもうひとつ別の次元に入りこむとしても、なんら驚くことはないのである。

遊戯することによって、人間は聖なる時間から解き放たれ、それを人間的な時間のなかで「忘却」するのだ。

＊

だが、さらに特殊な意味において、遊戯の世界は時間と結びついている。じっさいにも、見てきたように、遊戯に属するものはすべて、かつては聖なるものの領域に属していたのだった。しかし、このことは遊戯の領域を汲み尽くすものではない。じっさい、人間たちはさまざまな遊戯を新たに考案しつづけている。そして、かつては実践的‐経済的な領域に属していたものとも遊び戯れることができる。遊び道具の世界に目をやってみれば、子供たち、この人類の古物商は、たまたま手にしたどんな古道具によっても遊んでいること、こうして遊戯はいまではもう存在しなくなってしまった世俗的な事物や振舞いを保存していることがわかる。古いものはすべて、その聖なる起源とは無関係に、遊び道具になることができるのだ。それだけではない。遊戯への盗用と変容（その言葉に「イン・ルーデレ（in-ludere）」という語源的意味を復元してやったうえで、イリュージョンとでも称することができるもの）は、――たとえばミニチュア化をつうじて――いまもなお使用されている事物にたいしても遂行することができる。自動車、ピストル、電気コンロは、ミニチュア化をつうじて、即座に遊び道具に変容する。けれども、それでは、遊び道具の本質はなんであるのか。遊び道具の本質的な性格は――よく考えてみれば、これこそはそれを他の事物から区別することのできる唯一の性格なのだが――なにか特異なものであって、「かつては……であった」と「いまはもう……でない」という時間的次元においてのみ捕まえることのできるものなのである（ただし、ミニチュアの例が示しているように、この「かつては……であった」と、この「いまはもう……でない」を、通時的意味においてだけでなく、共時的意味において解するとして）。遊び道具は、聖なるものの領域か実践的‐経済的な領域にかつては属していたが、いまはもう属していないものなのだ。しかし、これが真実なら、そのときには、遊び道具の本質（ボードレールがわたしたちに述べているところによれば、子供たちが遊び道具をいじくり回し、揺り動かし、地面に放り投げ、解体し、最後には粉々にしてしまうとき、空しくも捕まえようと躍起になっているという「遊び道具の魂」）とは、すぐれて歴史的なものであることになる。それどころか、それは純粋状態における〈歴史的なもの〉なのだ。それというのも、いかなる場所においても、遊び道具におけるようには、わたしたちは歴史の時間性をその純粋な差異的ならびに質的な価値において捕まえることはできないだろうからである。時間のなかでその実践的および記録資料的な性格(ベンヤミンなら「事象内実」とでも称したかもしれないもの)を保持していて、考古学的および博学的な研究の対象である記念碑のうちにも、その価値が量的な意味での古さに依存している骨董品のうちにも、年代記のなかに過去の出来事との隣接性と合法性の関係において組み入れられていることからその価値を引き出しているアーカイヴ文書のうちにも。これらすべての対象と引き比べて、遊び道具はなにかそれ以上のもの、それとは異なったものをあらわしている。モデルがひとたび遊び道具に変容してしまったのちには、いったいモデルにはなにが残るのか、としばしば問われてきた。それというのも、残るのは、たしかに、その文化的意義でもなければ、その機能でもなく、ましてやその形態ではないからである(遊び道具が弾力的なイコン作用をもっていることに通じている者ならよく承知しているように、モデルは完璧に復元することもできれば、ほとんど識別不可能なほどまでに変えてしまうこともできるのだ)。遊び道具がその聖なるモデルないしは経済的なモデルについて保存しているもの、モデルを解体ないしはミニチュア化してしまったあとも存続させているものとは、そこに含まれていた人間的な時間性、その純粋の歴史的本質にほかならない。遊び道具とは、事物のなかに含まれている歴史性を具体化してみせたものなのであり、その歴史性をそれは特別の操作をつうじてうまく抽出しえているのである。じっさいにも、古遺物や記録文書の価値と意義は、その古さ、すなわち、それらが多かれ少なかれ遠い過去を現在化し手に触れることができるものにすることにかかっているのにたいして、遊び道具のほうは、過去を解体し変形させることによって、あるいは現在をミニチュア化することによって——すなわち、通時態にかんしても共時態にかんしても、おもちゃにしてしまうことによって——、人間的な時間性それ自体、「かつては……であった」と「いまはもう……でない」とのあいだの純粋の隔差ないしはずれ(scarto)そのものを現在化し手に触れることができるものにするのである。

このように見てみると、遊び道具は、レヴィ＝ストロースがいまではすでに古典的ないくつかの頁で神話的思考の手続きを解明するために用いたブリコラージュ〔器用仕事〕とどこか類似していることが明らかになる。ブリコラージュがそうであるように、遊び道具も、他の構造的総体（あるいは、ともかくも変形された構造的総体）に属する「かけら」や「断片」を利用する。こうして、遊び道具もまた、かつての指示内容を指示記号に変容させるのであり、指示記号を指示内容に変容させるのである。しかし、それが「遊ぶ」さいに材料となるのは、じつをいえば、たんにあれこれのかけらや断片ではない。そうではなくて、——ミニチュア化の場合に明らかなように——こういってよければ、対象的事物やそれの基体をなす構造的総体のうちに時間的形態のもとで含まれている「かけら性」なのだ。この見通しのもとでは、遊び道具の暗号としてのミニチュア化の意味するところは、レヴィ＝ストロースがブリコラージュと芸術作品に共通の性格をそれらが「縮減されたモデル」（広い意味での）であることのうちに求めるときに、そのミニチュア化に帰属させているものよりも、はるかに幅広いものであることが明らかになる。それというのも、ミニチュア化は、ここでは、全体を部分より前に知り、その全体を一目見ただけで把握して、対象的事物のうちに恐るべきものとして存在しているものにうち勝つことを可能にするもの（「人形は子供には敵ではなくて、競争相手ないしは話し相手なのだ……」）というよりは、対象的事物のうちに含まれている純粋な時間性を捕まえ、享受することを可能にするものであるからである。すなわち、ミニチュア化とは、歴史の暗号のことなのだ。こうして、ブリコルール（器用人）ではなくて、蒐集家こそが、当然ながら、遊ぶ人にはふさわしい像として立ちあらわれることとなる。古物の蒐集がおこなわれるのとおなじようにして、対象的事物のミニチュアの蒐集もおこなわれるからである。しかし、いずれの場合にも、蒐集家はその対象となる事物を通時的な遠さや共時的な近さから抽出して、それを歴史の遠く離れた近接性において捕まえる。それは、ベンヤミンの定義を借りるなら、歴史の最後の日における軍功あった者たちの「表彰（une citation à l'ordre du jour）」と定義することのできるようなものなのだ。

これが真実なら、子供たちが遊び相手にしているのが歴史であるなら、そして遊戯とは事物や人間の振舞いのうちにあって純粋に歴史的 - 時間的な性格を捕まえている関係のことであるとするなら、そのときには、ヘラクレイトスの断片のなかで――すなわち、ヨーロッパ思想の起源において――、アイオーン（aiōn）、その始源的性格における時間が、「ダイスで遊んでいる子供」として描かれており、「赤ん坊の王国」がこの遊びのなかで開かれる次元であると定義されているのは、けっして無関係なことではないことが明らかになるだろう。語源学者たちはアイオーンという言葉を「生命力」を意味する語根 ai-w に引き戻してとらえており、それがホメロスのテクストのなかにアイオーンがしばしば登場するさいに有していた意味であると述べている。そして、それがやがて「脊髄」を意味するようになり、最後には、どういう経緯でかは容易には説明できないのだが、「持続」および「永遠」という意味をもつようになったのだ、と。じじつ、この言葉のホメロスにおける用法をつぶさに検討してみると、アイオーンがしばしばプシュケーと結びつけられて、たとえば死をあらわすのに「プシュケーとアイオーンがその者を見捨てた」というような言い回しがなされているのがわかる。もしプシュケーが身体を活気づける生命原理であるなら、ここでそれがアイオーンに接近させられていることの意味は――同義語をたんにくりかえしただけのものではないはずだとすれば――なんなのだろうか。アイオーンが――そして、これが上述のさまざまな意味をひとつの首尾一貫した総体に還元することを可能にしてくれる唯一の解釈なのだが――生命の形式を指示しているのは、それが生命体のなかにあってなにか時間的なもの、「持続する」ものとして知覚されているからにほかならない。すなわち、それは生命体の時間化する本質なのだ。一方、プシュケー(psychē)は身体を活気づける息なのであり、トゥモス(thumós)は四肢を動かすもののことなのだ。したがって、ヘラクレイトスがアイオーンは遊ぶ子供だというとき、彼は生命体の時間化する本質、その「歴史性」とでもいえるもの(「歴史は遊ぶ子供だ」というように翻訳してしまうと、たしかに無謀な翻訳であろうが)を遊戯として想い描いているのである。

アイオーンとならんで、ギリシア語は、時間を指示するのに、クロノス(chrónos)という言葉も知っている。こちらのほうは、客観的な持続、測定可能で連続した時間量を指している。プラトンは、『ティマイオス』の有名な一節〔第一部一二〕で、クロノスとアイオーンの関係をコピーとモデルの関係、星の動きによって測定される循環的な時間と不動の共時的な時間性との関係として呈示している。ここでわたしたちにとって関心があるのは、現在もなお生きている翻訳の過程で、アイオーンが永遠と同一視されるようになり、クロノスが通時的時間と同一視されるようになったということではなく、わたしたちの文化が最初から二つの異なる時間概念、たがいに連関しあっていると同時に対立しあっている時間概念の分裂を知っていたということである。

＊

いまやわたしたちは遊戯と儀礼のあいだに流れているのを見てきた照応と対立の関係および暦と時間にたいしてそれらが呈している逆立した状況に立ち戻ることができる。レヴィ＝ストロースは、『野生の思考』のなかの、アメリカ・インディアン、フォックス族の養子縁組儀礼について論じた一節で[5]、儀礼と遊戯の関係をあるひとつの模範的な定式にまとめたことがあった。儀礼は出来事を構造に変形するのにたいして、遊戯は構造を出来事に変形するというのだ。この定義をわたしたちがさきに展開してきた考察に照らして発展させてみれば、儀礼の任務は神話的過去と現在とを隔てている間隔を廃棄し、すべての出来事を共時的構造のなかに再吸収することによって、神話的過去と現在のあいだの矛盾を解消することであるということができる。これにたいして、遊戯のほうは、対照的で正反対の操作を提供する。それは過去と現在のあいだのつながりを裁ち切り、構造をまるごと出来事に粉砕してしまおうとするのだ。すなわち、儀礼が通時態を共時態に変形するための機械であるとすれば、逆に、遊戯のほうは共時態を通時態に変形するための機械なのである。

ここでわたしたちに関心のある見方からすれば、わたしたちはこの定義を正確であるとかんがえることができるが、ただし、いずれの場合にも、この変形が完遂されることはけっしてないということはことわっておかねばならない。それというのも、どれほど時間をさかのぼってみても、またどれほど民族誌的探査を進めてみても、つねに儀礼のかたわらには遊戯が存在しており、遊戯のかたわらには儀礼が存在しているのを見いだすからだけでなく、これまでにも注目されてきたように、あらゆる遊戯は一部分儀礼を含んでおり、あらゆる儀礼は一部分遊戯を含んでいて、一方を他方から区別するのをしばしば困難にしているからでもある。ケレーニイは、ギリシアとローマの儀式について、それらの儀式が実現していた生活のなかで神話を「引用」するにあたっては、つねに遊戯的要素が含まれていたことを指摘していた。ユヴェナーリス〔六〇年頃―一四〇年頃。ラテン詩人〕がローマの女たちの秘密のみだらな宗教を不敬虔なものとして特徴づけようとしたとき、彼はまるで宗教的な敬虔と遊戯的態度とがおなじものであると言おうとしているかのように、「あらゆるものが遊戯によって同時に退去してしまうところでは、なにひとつとして真理へと形成されることはない」と書いている。(6) またホイジンガは〔『ホモ・ルーデンス』において〕、いかに儀礼的振舞いにはしばしば遊ぶ者が遊ぶことについてもっている意識を想起させる「擬制」の自覚がうかがえるか、ということの例を容易に見いだすことができた。儀礼と遊戯は、むしろ、あらゆる社会において作動している二つの傾向なのであって、けっしてたがいに絶滅させられてしまうことはなく、一方が他方になんらかの程度は優位することがあっても、通時態と共時態のあいだのずれはつねに存続させたままにしておくのである。

そこで、わたしたちがさきに報告しておいた定義は、儀礼と遊戯とは両者ともに通時態と共時態とのあいだのずれを生み出すための機械なのだという意味においては、修正されなければならないことになる。もっとも、このようなずれの生産は、両者の場合では正反対の動きから出てくるものであるにしてもである。それどころか、さらに厳密にいえば、わたしたちは儀礼と遊戯を二つの相違する機械としてではなくて、単一の機械としてかんがえることができるのだ。それらは単一の軌道システムが分離不可能な二つのカテゴリーにもとづいて分節化されたものであって、その連関と差異にシステムそのものの機能は依拠しているのである。

儀礼と遊戯、通時態と共時態とのあいだのこのような構造的相関関係から、わたしたちはすでにいくつかの無視しえない結果を引き出すことができる。それというのも、人間社会が、この光のもとでは、対立する二つの傾向の経過する単一の総体としてわたしたちに立ち現れるのだとすれば、そして一方は通時態を共時態に変形することをめざしており、他方は逆の効果をめざしているのだとすれば、これら二つの傾向の駆け引きから最後に結果するもの、システム——人間社会——が生み出すものは、いずれにしても、通時態と共時態とのあいだのずれであり、歴史、つまりは人間的時間であるからである。

こうして、わたしたちは、いかんともしがたく人間中心的な見方が歴史的諸科学において維持してきた素朴な実体化から解き放たれた歴史の定義をゆるしてくれるような、いくつかの要素を手にしていることがわかる。じっさいにも、歴史叙述はみずからの対象が通時態のうちにあると信じることはもはやできないのである。まるでこの通時態が実体的な客観的現実であって、(レヴィ＝ストロースの批判が明らかにしているように)年代記的なマトリクスを用いたコード化の結果生じたものではないとでもいうように思いなしてである。そして、あらゆる人間科学がそうであるように、現実的なもの(realia)を直接対象にもっているという幻想を放棄して、みずからの対象をたがいに相関すると同時に対立しあっている二つの秩序のあいだの指示記号的な関係として表象しなければならないのだ。歴史の対象は通時態ではないのであって、あらゆる人間社会を特徴づけている通時態と共時態とのあいだの対立なのである。もし歴史的生成が出来事のたんなる継起、絶対的な通時態として表象されるなら、そのときには、システムの一貫性を救済するために、あらゆる点的瞬間において作動している隠された共時態なるものを想定せざるをえなくなる(それは因果的法則ないしは目的論として表象される)。が、その意味するところは、ただ弁証法的に、グローバルな過程のなかでのみあらわになる。しかし、共時態と通時態とが交叉したものとしての点的瞬間(絶対的現在)というのは、たんなる神話であるにすぎない。この神話を西洋の形而上学はみずからの二重の時間概念の連続性を維持するために利用しているのである。ヤーコブソンが言語学について明らかにしてきたように、共時態を静力学、通時態を動力学というようにみなすことはできないだけでない。純粋な出来事(絶対的通時態)も純粋な構造(絶対的共時態)も、そういったものはもともと存在しないのだ。あらゆる歴史的出来事は通時態と共時態とのあいだのずれを表現しているのであって、そのずれこそが両者のあいだにあってひとつの指示記号的な関係をうち立てるのである。したがって、歴史的生成は、図1にあるように、一本の通時的な軸が走っていて、その軸のなかで、点a,b,c……nが、共時態と通時態とがそこにおいて一致する、拡がりをもたない瞬間を同定していく、というようには表象することはできない。そうではなくて、それはむしろ、図2のように、通時態と共時態とのあいだのずれのシリーズ〔系〕を表現した一本の放物線として(そして、それゆえ、この放物線にたいしては、共時態と通時態は二本の漸近的な参照軸を構成しているにすぎないものとして)示されなければならない。

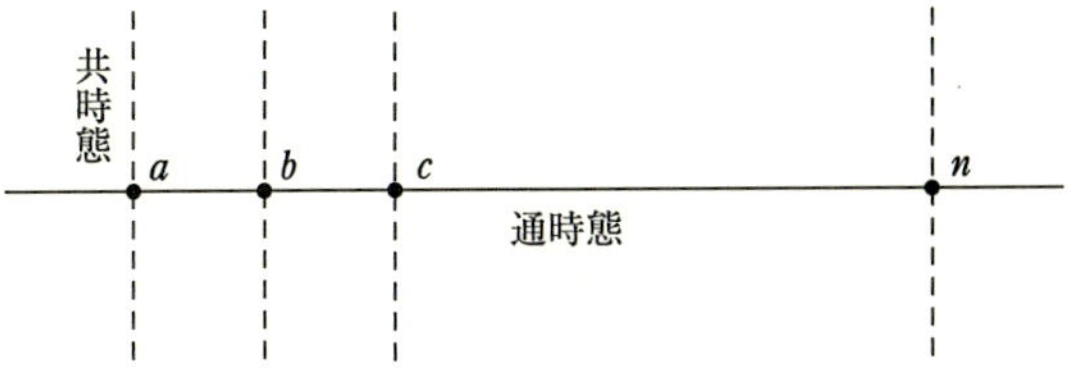

図1

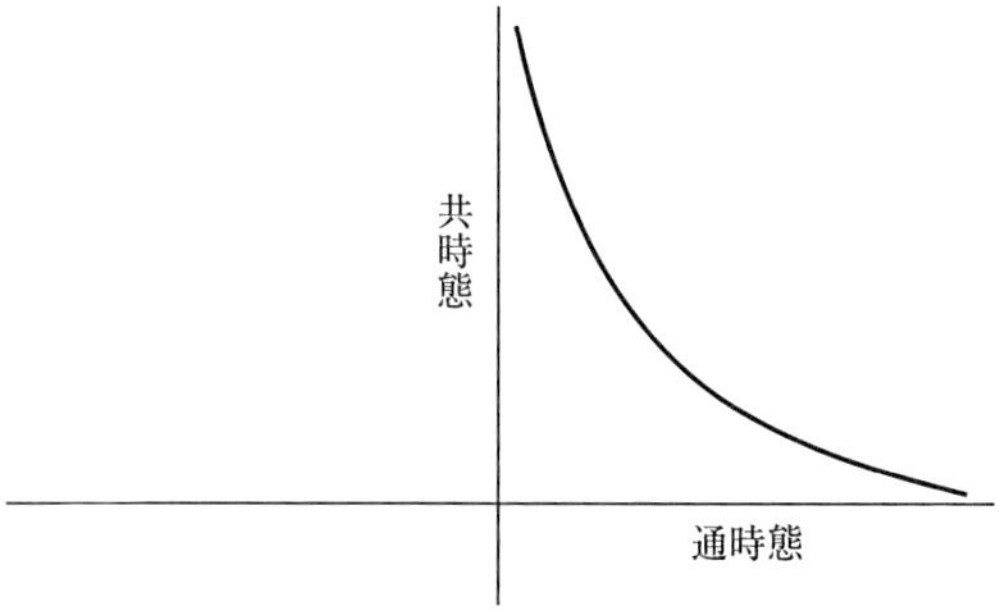

図2

いまではもうすべての人類学者によって受けいれられているように、また歴史家たちも認めるのにやぶさかではなくなっているように、歴史が一部の民族の排他的世襲財産であって、他の社会は歴史なき民として呈示されるといったようなものではないとすれば、それはすべての社会が時間のうちにあり、通時態のうちにあるからではなくて、すべての社会が通時態と共時態とのあいだのずれを生み出しており、すべての社会において、ここでわたしたちが儀礼と遊戯と呼んできたものが作動していて、通時態と共時態とのあいだの有意味的な関係をうち立てることをめざしているからである。こうした見方のもとにあっては、歴史は通時的な連続（continuum）と一体化されるものであるどころか、図3に示すように、儀礼と遊戯がたえまなく生み出す通時的指示記号と共時的指示記号との関係の効果以外のなにものでもない。それは、多くの言語において見いだされるその言葉の機械的意味を活かして通時態と共時態とのあいだの「遊隙《ゆうげき》（gioco）」とでも呼ぶことができるものなのだ。

この相関関係が定立されたなら、レヴィ＝ストロース以降、歴史的社会と歴史をもたない社会

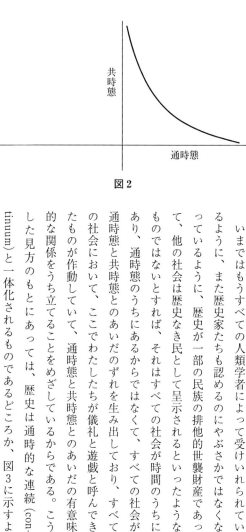

との伝統的区別に取って代わってきた「冷たい」社会あるいは一箇所にとどまっていて変化しない歴史しかもたない社会と「熱い」社会あるいは累積的な歴史をもつ社会との区別がどのようにして生じうるか、ということも理解される。図4に示すように、「冷たい」社会というのは儀礼の領域が遊戯の領域を犠牲にして拡大していこうとしている社会のことであり、「熱い」社会というのは遊戯の領域が儀礼の領域を犠牲にして拡大していこうとしている社会のことなのだ。

こうした見方のもとでは、歴史が儀礼を遊戯に変形し、遊戯を儀礼に変形するシステムとして立ち現れるとするなら、二つの社会類型のあいだの相違は質的なものではなく、量的なものであることになる。一方の指示記号的秩序の他方の指示記号的秩序にたいする優位が、ある社会がどちらの類型に属するかを定義するのである。そのような分類の極端な一例として、いっさいの遊戯が儀礼になってしまっており、いっさいの通時態が共時態に変形してしまっているような社会のケースを挙げることができるだろう(その現実性はあくまでも漸近的なものでしかない。そのような社会の見本をわたしたちは知らないからである)。そのような社会では、過去と現在のあいだの通時的間隔は完全に埋められているだろうから、人々は永遠の現在のなかで、すなわち、多くの宗教がまさに神々に住処としてあてがっている不動の永遠のなかで生きることになるだろう。対極には、いっさいの儀礼が遊戯によって侵食されてしまっており、いっさいの構

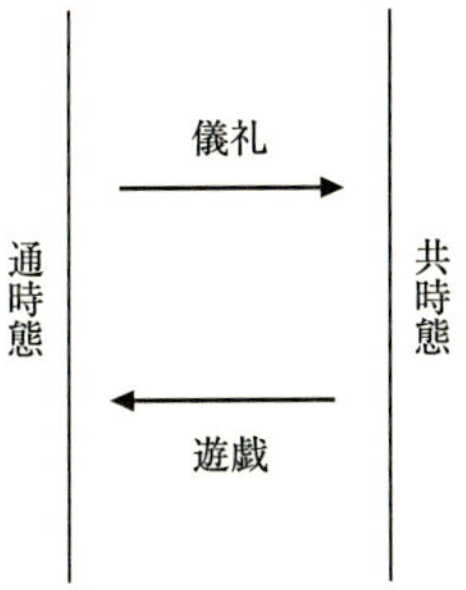

図3

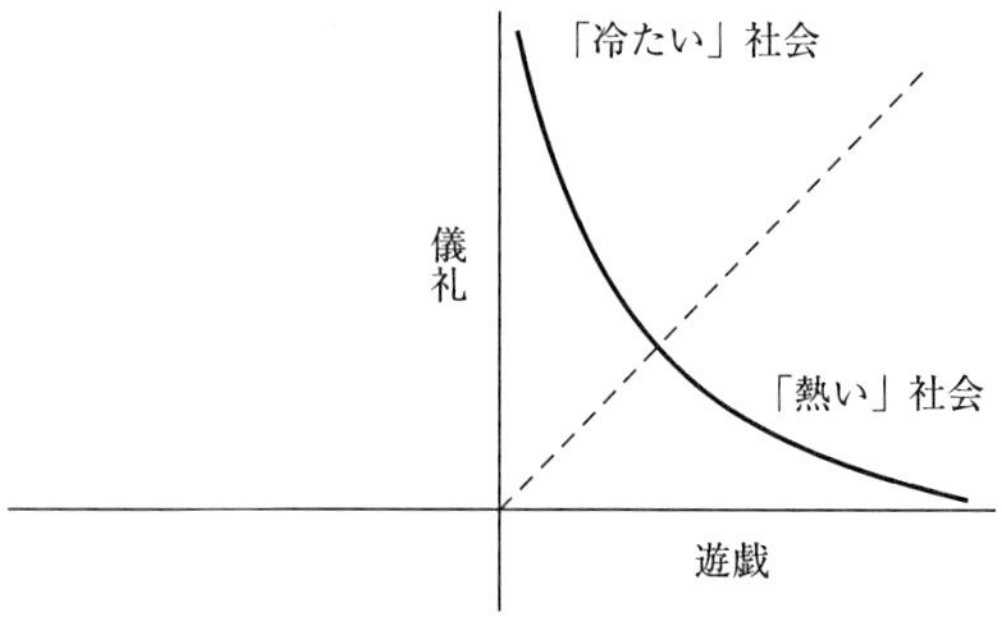

図 4

造がことごとく出来事へと断片化してしまっているような社会の（同様に理念的な）ケースを挙げることができる。「おもちゃの国」がそれであって、そこでは時は電光石火のごとくに走り去っていく。あるいは、ギリシア神話において、イクシオンの車とシーシュポスの徒労によって象徴されている、地獄の時間の絶対的通時態。どちらの場合にも、そこにわたしたちが人間的な時間、すなわち歴史を見てきた、通時態と共時態とのあいだのずれは欠落してしまうだろう。

この意味においては、熱い社会も冷たい社会も、同一の計画を——正反対の方向において——遂行しようとしているかにみえる。「歴史の廃棄」と定義しうるような（そしてじっさいにもそう定義されてきた）計画がそれである。しかし——すくなくとも目下のところでは——、熱い社会のほうは通時的指示記号の力を最大限にまで増大させることに成功しており、冷たい社会のほうはそれを最小限にまで縮小させることに成功してはいるが、どの社会も、この計画を完全に実現し、おもちゃの国のように暦のまったくない社会、ハーデスの王国〔黄泉の国〕、あるいは、ある意味では神々の住まう社会でもあるような社会を基礎づけることには成功していない。累積的な歴史をもった社会では、時間の直線性はつねに祝祭的時間の暦的交替と反復によって抑制されている。一方、つねに一箇所にとどまっていて変化しない歴史しかもたない社会では、循環性はつねに世俗的時間によって中断されている。

*

事実をいえば、儀礼も遊戯も、その内部に取り除くことのできない残滓、それぞれの計画が難破せざるをえなくされている躓きの石をかかえこんでいるのである。レヴィ＝ストロースは、『野生の思考』のなかで何頁かを費やして、チューリンガとして知られるそれらの石ないしは木についての模範的な分析を遂行している。中央オーストラリアに住むアランダ族はそれらをある先祖の身体だとみなしていて、それゆえ、それらはその先祖が折に触れて再現したものと信じられる人物に世代から世代へと厳粛に受け渡されていくのだという。レヴィ＝ストロースによれば、これらの石ないしは木の機能と特性は、アランダ族のように、過去と現在の関係までをも共時的なかたちで表象するほどまでに共時態を特権視する社会では、チューリンガは通時的過去を触知しうる形態のもとで表象することによって通時的な貧困化を償うという任務を負っているという事実に由来しているのであった。彼は書いている。(7)「わたしたちの解釈が正しいなら、チューリンガの帯びている聖なる性格は、そのシステムが分類システムであるので、持続すらも同化してしまえるほどの共時態のなかに完全に平準化されてしまっているこのシステムにあって、唯一それらだけが確保しうる通時的な指示記号作用の機能を担っているということから出てきている。チューリンガは神話時代つまりアルチュリンガのじかに手にとって触ることのできる証人なのだ。もしチューリンガが存在しなかったとしたら、なおも頭でアルチュリンガを考えてみることはできるかもしれないが、もはや物理的に検証してみることはできない」。レヴィ＝ストロースは、チューリンガがこの通時態の指示記号としての機能を引き受けることができるようになるメカニズムを特定することはしていない。このメカニズムは、とても単純なものどころではない。じっさいにも、神話的過去が触知しうる形態をとって現前したものとして、「先祖とその後裔が単一の肉であることのじかに手にとって触ることのできる証拠」として、チューリンガは通時態の指示記号であるよりはむしろ絶対的共時態の指示記号であるようにみえる。しかし、ひとたび通時態の共時態への儀礼的変形が新しい個人の身体において遂行されるやいなや、絶対的共時態の指示記号であったものが、自由なままにされていると、その指示記号（新しい個人の胚）を失ってしまった通時態によって攻略され、絶対的通時態の指示記号に反転するのである。このため――レヴィ＝ストロースはそうかんがえているようだが――、チューリンガは先祖の身体であるとアランダ族が主張しているという事実と、先祖は受胎の瞬間にチューリンガを自分の新しい化体のために放棄するときにみずからの身体を失うという事実とのあいだには、なんら矛盾は存在しない。

ここではただ、儀礼が完成してしまっているか、まだ完成していないかに応じて、同じ物が二つの正反対の指示記号としての機能を授けられているだけのことである。このことが真実なら、通時態の共時態への儀礼的変形は必然的に通時的残余(広い意味でのチューリンガはそれの暗号なのだ)を残していることになり、ある社会が通時態を廃止しようとしてつくりあげてきた最も完璧なシステムでも、最終的には、この廃止を可能にしてきた物自体のうちにあって通時態の生産を許容していることになる。

予見できたことであるが、遊戯もまた、わたしたちをこれと似た現象に直面させる。遊戯もまた、除去しえない躓きの石をもっているのである。それというのも、たんなる時間的間隔を表象したものとしては、遊び道具はたしかに絶対的通時態の指示記号である。構造が出来事に変形されてしまったことを指示している。しかし、ここでもまた、この指示記号は、自由なままにされると、不安定なものに変化し、正反対の指示内容を身にまとうようになる。ここでもまた、遊戯が終わってしまうと、遊び道具はその対立物へと反転し、共時的残余として立ち現れて、遊戯によってはもはや取り除くことができなくなってしまうのである。共時態の通時態への変形がほんとうに完遂されてしまったなら、それはもはや痕跡を残していないはずであり、ミニチュアはそのモデルと一体化してしまっているはずだからである。それは、儀礼が完了してしまうと、チューリンガは消滅して、先祖を再現した個人の身体と一体のものになってしまうのとおなじである。このため、遊び道具と儀礼に用いられる物とは似たような振舞いを要請する。ひとたび儀礼と遊戯が完遂されてしまうやいなや、それらは、障害になる残余として、隠され脇に追いやられなくてはならないのだ。なぜなら、それらはなんらかのしかたでそれらが実現に寄与してきた当ののの触知しうる反証を構成しているからである(この点で、わたしたちの社会において芸術が占めている領域は、もはや本来の意味では共時態にも通時態にも、儀礼にも遊戯にも属さないものになってしまった、これらの「不安定な」指示記号を受けいれるためにしつらえられた隠れ場所ではないのか、と問うてみることができるだろう)。

儀礼と遊戯は、こうして、通時態と共時態の指示記号にはたらきかけて、通時的指示記号を共時的指示記号に変形し、共時的指示記号を通時的指示記号に変形してしまう操作として立ち現れることとなる。また、どのようにすればそれ以外のものでありうるのか、見当もつかない。しかしながら、万事は、あたかも社会システムが二軌道構造を保証することへとさしむけられた安全装置を含みもっているかのようにして生起する。すべての通時的指示記号が共時的指示記号に変化してしまうときには、共時的指示記号のほうがそのまま通時的指示記号に変化して、システムの連続性を確保するのである。同じことは逆の場合にも起こる。

＊

このように一定の条件のもとでは通時態と共時態の指示記号が反転する可能性を内在させてい

るということは、たとえば葬送儀式がそうであるように、儀礼と遊戯が独特のしかたで接近しあっている儀式の存在を説明することも可能にしてくれる。『イリアス』の第二三歌における、パトロクロスの葬送を締めくくる競技についての生き生きとした事細かな描写のことは、だれもが記憶しているところだろう。夜のあいだずっと、アキレウスは友人〔パトロクロス〕の体を焼く薪を見張りながら、その友人の魂を大声で呼び、炎の上に葡萄酒を注いでいた。あるいは、ヘクトールの埋葬していない屍体に彼の悲痛を猛々しく吐き出していた。さて、突然、責めさいなみは遊戯の快楽と戦いの熱狂に席をゆずり、馬車の駆けっこ、拳闘ごっこ、弓の引きくらべの観賞をひきおこす。それらはわたしたちにもスポーツ競争をつうじて完全に馴染みのものとなっているようなしかたで描写されているのである。エルヴィーン・ローデ〔一八四五—九八年。ドイツの古典文献学者〕は、〔『プシュケー』一八九〇—九四年において〕葬送遊戯は死者崇拝の一部をなしていたこと、それは死者に競技へ実際に参加させようとするものであったことを、反駁しがたい文献学的基礎にもとづいて、じつにするどく指摘している。人々は、今日でもトランプ遊びをする者たちがおこなっているのと同じようにして、「死者」と遊んでいたのだった。また、知られているように、ヨーハン・ヤーコプ・バッハオーフェン〔一八一五—八七年。スイスの法制史家〕は〔『母権論』一八六一年において〕さらに一歩を進めて、「すべての競技は葬送的性格をもっている」と主張している。「目標はいつの場合にも墓石である。……そして、このような宗教的意義をもっているからこそ、壁のフレスコ画（コルネートにおけるように）においても、石棺の彫刻においても、競技は墓の世界に出現しているのだ」。また、先立つ頁で遊び道具の暗号であることがあらわにされたミニチュア化の最も古いいくつかの例にわたしたちが出会うのも、墓においてなのだ。フィリップ・アリエス〔一九一四―八四年。フランスの歴史家〕は『死を前にした人間』一九七七年において〕書いている。「遊び道具の歴史家たち、人形やミニチュアの蒐集家たちは、おもちゃの人形を採掘現場がほとんど産業的といってもよい量で復元している他の形像やちっぽけな彫刻から区別するのに、つねに多大の困難に出会う。それらは大半の場合、宗教的な意味をもっているのだ。家のなかでのお守りとか、葬送のさいに使うものとか……」。

遊び道具が通時態の指示記号であるのなら、それらが墓の領域という共時態の不動の世界に姿を見せているのは、どのような資格においてなのだろうか。しかし、もっとそれ以上のことがある。レヴィ＝ストロースは、フォックス族が死んだ親族を生きている者と取り替え、こうして故人の霊魂がこの世から最終的に旅立っていくのを可能にしてやるために執り行う成人儀礼のケースを報告している。これらの儀式のさいには、腕くらべや賭け事、そして、場合によっては、トカンとキクコという、それぞれ死者と生者を代表する二つのグループに分かれた住民のあいだでのスポーツ競争がおこなわれるのだという。しかし――そしてこれがここでわたしたちに関心のあるところなのだが――、これらの競技は、その結果がまえもって確定されているという特別な事情を呈している。もし死んだ者がトカンのグループに属しているなら、トカンアジが勝利し、キクコのグループに属しているなら、キクコアジが勝利することになっているというのだ。つまり、わたしたちが立ち会っているのは、儀礼としてあつかわれるようになった遊戯なのであって、それはそれがもともと生じたさいの具体的事情の要素を失っていって、もはや構造を出来事に変形することはできなくなってしまっているのである。まるで死とともに、遊戯と儀礼、遊び道具と儀礼のために用いられる物、通時態の指示記号と共時態の指示記号とが、——生きているあいだは区別されていたのに——反転し混ざり合って区別がつかなくなってしまったかのようなのだ。

しかし、葬送儀式の意味と機能をさらに詳しく見てみよう。そうすると、遠く離れたさまざまな文化のなかに大きな変化なく見いだされ、それゆえ十分統一的な総体としてあつかうことのできるひとつの信仰体系を前にしていることがわかる。これらの信仰によれば、死の第一の効果は、死者をファンタスマ——ローマ人のラルウァ (larva)、ギリシア人のエイドーロン (eídōlon) およびファスマ (phásma)、アメリカ・インディアンのピトル (pitr)、等々——に変容させることであるという。すなわち、生者たちの世界にとどまっていて、故人がよく訪れていた場所に戻ってくる、茫漠としてつかみどころがない恐ろしい存在である。葬送儀礼の目的は——この点にかんしてはすべての研究者の見解は一致している——、この不愉快で不確かな存在が分離された世界に住んでいる友好的で力強い先祖に変容するのを確保して、自分たちがその先祖とのあいだに儀礼的にはっきりと取り決められた関係をとり結ぶことができるようにすることにある。しかし、この茫漠としてつかみどころのない恐ろしい「亡霊」の性質をはっきりさせようとしてみると、すべての証言が一致しているのがわかる。その亡霊は死者の「似像」、一種の影ないしは鏡像であるということである（この似像こそはアキレウスのところに出現して、埋葬してくれと頼んだ当のものだったのであり、アキレウスはそれがパトロクロスに瓜二つであるため驚きを隠していない。「驚くほど、元の姿のそのままだった」とアキレウスは叫んでいる）。

そこで、わたしたちはおそらく、この外見上は不斉一にみえる信仰総体をひとつの首尾一貫した体系につくりあげることをこころみてみることができるのではないかとおもわれる。死は故人を通時的指示記号と共時的指示記号が共存している生者たちの領域から共時態しか存在しない死者たちの領域へ移行させる。しかし、この過程で、空無化されてしまった通時態は、卓越した意味においての共時態の指示記号を身にまとうようになる。似像というのがそれであって、これは死がその身体的支持物から分離して自由にしてしまっていたものなのだ。すなわち、亡霊というのは、共時態の指示記号が恐るべきことにも生者たちの世界に卓越して不安定な指示記号として出現したものなのであって、それは、たえずさまよっていて――ギリシア人は埋葬されていない幽霊をアラストール（alástōr）、さまよえる者と呼んでいた――、確定された状態に固定化されることができないという通時的な指示内容をおびることができるのである。しかしまた、まさしくこの指示記号が、それのもつ意味論的反転の可能性そのものをつうじて、生者の世界と死者の世界をつなぐ架け橋となり、一方から他方へと、しかしながら同一化することはないままに移行していくことを可能にするのでもある。このようにして、死は自然が人間社会の二軌道的システムにあたえる最も重大な脅威なのだが――それというのも、通時態と共時態とは死においては一致するようにみえることからして、システムが依拠している両者の指示記号的対立を維持したままにしておくことはきわめて困難なことであるからである――、その死はまさしくその機能をわたしたちがチューリンガと遊び道具において評価するすべを学んできた不安定な指示記号のうちのひとつのおかげで克服される。共時態と通時態とのあいだの不安定な指示記号であるラルウァ(larva)〔亡霊〕は、ラーレ(lare)、すなわち、先祖の仮面および彫像に変容し、安定した指示記号としてシステムの連続性を保証する。マルセル・グラネ〔一八八四―一九四〇年。フランスの宗教史学者・シナ学者〕の引用する中国のことわざにあるように、「故人の魂‐息はさまよっている。だから、それを固定するために仮面を使うのだ[8]」。

この目的のためには、なぜ完全には儀礼の図式にも遊戯の図式にも収まりきることがなく、その両方に参加しているようにみえる、まったく特殊な儀式が必要とされるのか、いまや、その理由が了解可能となる。じっさいにも、葬送儀礼は、他の儀礼のように(また遊戯のように)、通時態の領域から共時態の領域へ(あるいは逆に共時態の領域から通時態の領域へ)移行させることが問題であるような安定した指示記号を対象にはもっていない。葬送儀礼の対象は不安定な指示記号を安定した指示記号に変形させることである。このために遊戯が葬送儀礼には入り込んでくるのだが、それはあくまで儀礼的なものの要素としてあつかわれるためなのだ。また、儀礼や遊戯は不安定な指示記号を存続させたままにしておくのにたいして、葬送のための儀礼‐遊戯は残余を残したままにしておくことはできない。亡霊――不安定な指示記号――は死者、つまりは共時態の安定した指示記号に転化しなければならないのだ(9)。

しかし、通時態の指示記号と共時態の指示記号との対立、死者の世界と生者の世界との対立は、死によってだけ砕かれるわけではない。死に劣らず恐るべきもうひとつの危機的な瞬間、脅威がある。誕生がそれである。このため、わたしたちはここでも不安定な指示記号が介入してくるのを見る。死が直接に先祖を生み出すことはしないで、亡霊を生み出すように、誕生も直接に人間を生み出すことはしないで、幼児を生み出すのだ。幼児はあらゆる社会において人間とは区別された特別の地位を占めている。もし亡霊が生きている死者(un morto-vivo)、あるいは半分死んでいる者(un mezzo-morto)であるなら、幼児は死んでいる生者(un vivo-morto)、あるいは半分生きている者(un mezzo-vivo)である。それゆえ、幼児も、生者の世界と死者の世界、通時態と共時態とが不連続であることの触知しうる証拠として、あらゆる瞬間に反対物に転化しうる不安定な指示記号として、中和されなければならない脅威であると同時に、一方の領域から他方の領域へと、両者のあいだの指示記号的差異を廃止することなく移行していくのを可能にしてくれる方便でもあるわけである。そして、亡霊の機能に幼児の機能が対応しているように、葬送儀礼には通過儀礼が対応しているのであって、通過儀礼もこれらの不安定な指示記号を安定した指示記号に変形するためにこそ執り行われるのである。

ある論考のなかで忘れがたい何頁かを割いて(10)、レヴィ＝ストロースは――サンタクロースを中心に置いた誕生民話を起点にとりながら――通過儀礼の意義を再構成して、幼児と成人のあいだの対立の背後に、死者と生者とのあいだのさらに根本的な対立が存在しているのを発見したことがあった。じつのところ、見たように、幼児が対応しているのは、死者ではなくて亡霊である。指示記号的機能という観点からすれば、死者も成人も、安定した指示記号、そして通時態と共時態との連続性からなる、同一の秩序に属している(この観点からすれば、この連続性をひとつの循環として表象し、生者が死者に転化し、死者が生者に転化するというようにとらえる冷たい社会と、この連続性を直線的な過程へと発展させていこうとする、わたしたちの社会のような熱い社会とのあいだには、さほどの差異は存在しないことになる。いずれの場合にも、肝腎なのはシステムの連続性なのだ)。これにたいして、幼児と亡霊は、——不安定な指示記号として——二つの世界のあいだの不連続性と差異を表象している。死者は先祖ではない。これが亡霊の指示内容である。先祖は生きた人間ではない。これが幼児の指示内容である。それというのも、もし故人がただちに先祖になるのなら、もし先祖がただちに生きた人間になるのなら、そのときには、現在はまるごと瞬時にして過去に変容してしまうだろうし、過去はまるごと現在に変容してしまうだろうからである。そして、指示記号的な関係を安定させる可能性、および、それとともに、人間的な社会と歴史の可能性の土台をなしている、共時態と通時態とのあいだのずれはなくなってしまうだろうからである。このため、儀礼がチューリンガにおいて通時態の抹消しがたい残余を存続させたままにしておき、遊戯が遊び道具において共時態の抹消しがたい残余を存続させておくように、生者の世界と死者の世界のあいだの移行は、指示記号的関係を作動させつづけるの

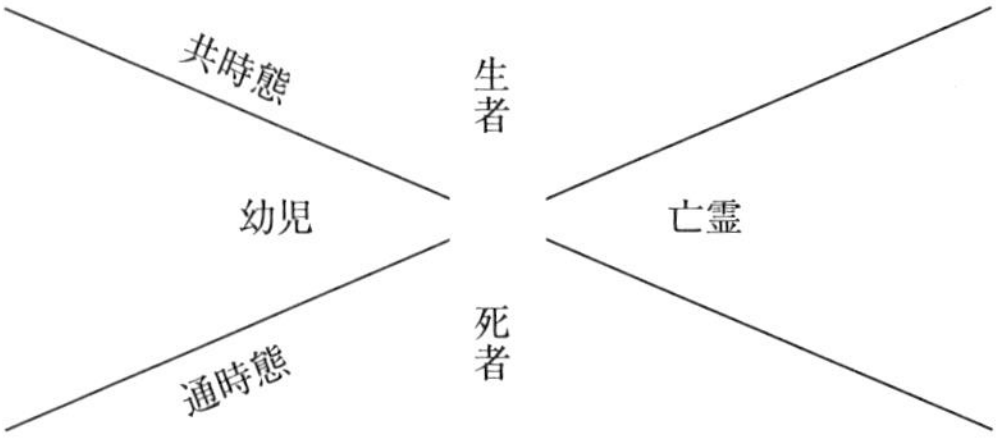

図5

に必要な二つの不連続点を存続させたままにしておく。こうして、図5に示すように、共時態と通時態、生者の世界と死者の世界とのあいだの移行は、一種の「量子論的飛躍」をつうじて生じるのであり、不安定な指示記号というのはこの「量子論的飛躍」の暗号なのだ。

この見方のもとでは、亡霊と幼児は、いずれもが通時態の指示記号にも共時態の指示記号にも属しておらず、社会システムの可能性を構成している二つの世界の指示記号のあいだに存在する対立そのものを指示した記号として出現する。すなわち、それらは、それがなくては人間的な時間も歴史も存在しないだろう、当の指示記号的機能そのものを指示する記号なのだ。おもちゃの国と亡霊の国は、歴史の国のユートピア的トポロジーを素描しているのであって、歴史の国は通時態と共時態、アイオーンとクロノス、生者と死者、自然と文化のあいだの指示記号的な差異においてしか生じえないのである。

こうして、社会システムはひとつの複合的なメカニズムとして思い描くことができる。そこでは、指示記号的関係そのものを指示する（不安定な）指示記号が安定した指示記号に対立しているのだが、しかしまた、そこでは、現実には、一方が他方と交替しあっていて、システムが機能するのを保証している。たとえば、成人が亡霊になることを受けいれるのは、亡霊が死者に転化できるようにするためであり、死者が幼児になるのは、幼児が人間に転化できるようにするためである。ひいては、葬送儀礼と通過儀礼とは指示記号的機能の伝達を対象としているのであって、それは誕生と死に抵抗し、誕生と死をこえて持続していかねばならないのである。(11)このため、どのような社会も――最も「熱い」進歩主義的な社会も、最も「冷たい」保守主義的な社会も――不安定な指示記号がなくてはまったくやっていけないのであって、たとえそれらが攪乱と脅威の要素を代表したものであっても、指示記号的交換が中断して、亡霊が死者に転化し、幼児が生きた人間に転化するようなことのないように見張っていなければならないのである。

たとえば、わたしたちの社会をながめてみるなら、わたしたちの社会はこれらの問題にもはやわずらわされることはなくなっていると信じており、過去から現在への指示記号の伝達を合理的なしかたで解決してしまっていると信じているが、ヴァールブルク学派がかくも豊かで模範的な研究を捧げてきたように、その事後の生(Nachleben)のうちに、過去の指示記号の残存のうちに、「亡霊たち」を認めるのに、さほどの苦労は要らないだろう。異教の神々の硬化した像や長老と占星術師の暗い姿が、亡霊のように、また偽装して生き延びているのを、わたしたちは何世紀にもわたって絶え間なく追跡することができる。また、ほかにも無数の過去の指示記号が指示内容を剝ぎ取られ、抑圧的で不穏なシンボルとして立ち現れているのを見ることができる。それらは亡霊の正確な等価物である。もろもろの文化がそれらと遊び戯れるのではなく、それらを脅威をあたえるファンタスマとして祓い清めるかぎりで生かし続けている亡霊そのものなのだ。

不安定な指示記号の別のクラスにかんしては、わたしたちの社会が青年たちに取っておいている機能を一瞥してみると、おなじく教示されるところが少なくないことがわかる。それというのも、ある文化があまりにも自分の過去の指示記号に取り憑かれすぎていて、それらを埋葬するよりはむしろ、それらを「ファンタスマ」として際限なく維持しながら祓い清めをおこなうのは、また、現在の不安定な指示記号を極端に怖れていて、それらのうちに無秩序と転覆の担い手しか見いだすことができないでいるのは、健康の徴候ではないからである。わたしたちの文化において亡霊と幼児の指示記号的機能のこのような過激化と硬化が見られるというのは、二軌道的なシステムが阻害されてしまっており、その機能の根拠をなしている指示記号間の交換を保証することがもはやできなくなってしまっていることの疑いもない徴候である。このため、過去のファンタスマを自分たちの幼児が成人するのを妨害するための案山子としてのみ利用している一部の大人たち、また幼児を自分たちには過去のファンタスマを埋葬する能力がないことにたいするアリバイとしてのみ利用している一部の大人たちには、歴史の駆け引きの基本的な規則は連続性の指示記号が不連続性の指示記号と交換されるのを受諾するようになることであり、指示記号的機能の伝達のほうが指示内容そのものよりも重要なのだということを想起させる必要がある。真の歴史的連続性は、不連続性の指示記号をおもちゃの国や亡霊の博物館(それらは今日では多くの場合、大学制度という単一の場所が引き受けている)に閉じこめておくことによってその影響から解き放たれることができると信じているような連続性ではなくて、それらと「駆け引き」をすることによって、それらを引き受けることを受諾し、こうして、それらを過去に戻してやるとともに未来へ伝達していくことができるようにするような連続性なのだ。さもないと、文字どおり死者をつくりだしては自分たちのファンタスマを幼児にゆだねようとしており、また幼児を自分たちのファンタスマにゆだねようとしている一部の大人たちの前には、過去の亡霊たちが生き返ってきて幼児たちをむさぼり食ってしまうか、それとも、幼児たちのほうが過去の指示記号どもを破壊してしまうことだろう。両者は、指示記号的機能の——つまりは歴史の——観点からはおなじことなのだ。これはプエブロ族の通過儀礼の起源神話が語っているのとは正反対の事態である。その神話が語っているところによれば、生者たちの世界に戻ってきては幼児たちを連れ去っていた死者たちの亡霊に、大人たちは彼らが毎年仮面行列において仮面をつけて歩く機会を提供し、こうして幼児たちが生き延びていつの日か自分たちの持ち場を占めることができるようにしていたという。

註

(1) M. Granet, *Danses et légendes de la Chine ancienne* (Paris 1959 [1929]), vol. I, p. 321.

(2) C. Lévi-Strauss, "Mythe et oubli," in *Langue, discours, société*, pour Emile Benveniste (Paris 1975), p.

299.

（3） E. Benveniste, "Le jeu et le sacré," *Deucalion*, n. 2 (1947), p. 165.

（4） *Ibid.*

（5） C. Lévi-Strauss, *La pensée sauvage* (Paris 1962), pp. 44-47.

（6） K. Kerényi, *Die Religion der Griechen und Römer* (München-Zürich, 1963), p. 34.

（7） Lévi-Strauss, *La pensée sauvage* cit., p. 320.

（8） Granet, *Danses et légendes* cit., p. 335.

（9） トロブリアンド諸島の原住民たちのケースは——これについては、マリノウスキーによって、"Baloma; the Spirits of the Dead in the Trobriand Islands," *Journal of the Royal Anthropologist Institute of Great Britain and Ireland*, vol. 46 (1916) において研究されているのだが——、その特殊な構造とともに、この解釈を全面的に確認させてくれる。一般的には、不安定な単一の指示記号としてあらわれるものが、ここでは、最初から二つの区別された指示記号に分裂しているようにみえる。バロマ（つまりは像であって、これは死者たちの国におもむく）とコシ（つまりは影であって、こちらのほうはしばらくのあいだ村の近くをさまよっていてから、特別の人間的な介入を必要とすることなく、自分で消え去ってしまう）とがそうである。このケースにおいても、死の瞬間における通時態と共時態のあいだの指示記号の対立はこうして確保される。しかしまた、ここでは不安定な指示記号はすでに二つの分離した構成要素となって解消されてしまっているので、葬送儀式は、マリノウスキーが注意していたように、故人の霊にはなんらかかわることはないようにみえる。「それらは、バロマ（霊）に愛のメッセージを送ってなごりを惜しむためにも、バロマが戻ってくるのを思いとどまらせるためにも、遂行されるのではない。それらはバロマの安寧に影響をあたえることもなければ、バロマと生き残った者たちとの関係に感化をあたえることもないのだ」。

(10) C. Lévi-Strauss, "Le père Noël supplicié," *Les Temps modernes*, n. 77 (1952).

(11) 民族誌家たちに従来から大いなる魅力を行使してきたある通過儀礼、つまりはプエブロ族のカトチナの分析は、この観点からは、とりわけ示唆的である。この通過儀礼の過程では、大人たちは通過儀礼を受けている者たちになんらの教説をもなんらの真理体系をも明かすことはなく、カトチナ、つまりは年々の儀式の過程で村で踊っているのを見たことのある超自然的な存在は、カトチナの仮面をつけた大人たち自身であったということを明かすにすぎない。しかしまた、このように明かすことによって、新しく大人になった者たちに、秘密を守り、自分たちもカトチナになるよう、義務づけるのである。すなわち、儀礼の内容、伝達される「秘密」は、伝達行為そのもの、指示機能それ自体を除いては、伝達すべきものはなにもない、ということなのである。

時間と歴史

瞬間と連続の批判

ヴィクトール・ゴルドシュミットとアンリ＝シャルル・ピュエシュへ

〔ヴィクトール・ゴルドシュミットは『アリストテレスにおける物理的時間と悲劇的時間』(一九八二年)で知られるフランスの哲学者。アンリ＝シャルル・ピュエシュは『グノーシスを探し求めて』(一九七八年)などの著作で知られるフランスの宗教史学者〕

I

歴史についてのあらゆる観念は一定の時間経験とともにあたえられる。まさしく、歴史についてのあらゆる観念のうちにつねに暗々裡に含まれていて、それを条件づけている、この時間経験を明るみに出すことこそが、肝腎なのである。おなじように、あらゆる文化はなによりもまずもっては時間についての一定の経験なのであって、新しい文化はこの時間経験が変化しないかぎり不可能である。だから、真正な革命の本源的任務は、たんに「世界を変える」ことではなくて、同時に、そしてまずもっては「時間を変える」ことなのだ。ところが、近代政治思想は、歴史に注意を集中させてきたものの、それに対応する時間概念を練りあげることをしてこなかった。ひいては、史的唯物論もまた、これまでのところ、その歴史概念の高さに見合った時間概念を練りあげる機会を逸してきた。このように機会を逸してきた結果、それは無意識のうちに、西洋文化を何世紀にもわたって支配している時間概念に訴えることを余儀なくされてきたのであり、こうして革命的な歴史概念と伝統的な時間経験とをみずからの内部に並存させることを余儀なくされてきたのだった。こうして、時間を等質的な点的連続体ととらえる通俗的な表象が、マルクス主義的な歴史概念をも覆うにいたった。それはイデオロギーが史的唯物論の牙城に忍びこむさいの隠れた割れ目に転化したのである。すでにベンヤミンはこの危険を彼の『歴史哲学テーゼ』のなかで指摘していた。いまやマルクス主義的な歴史概念のうちに暗々裡に含まれている時間概念を明るみに出すべき時機がやってきたのだ。

II

人間の知性は時間の経験はもつが、時間の表象はもたない。そのため、それは必然的に空間的イメージをつうじて時間をみずからに表象することとならざるをえない。時間について古代のギリシア＝ローマ世界がもっている観念は、基本的に循環的で連続的なものである。「真正にして十全な存在を、それ自体のうちにあり、それ自体と同一のものでありつづけているもの、永遠なもの、変化しないものに同化させようとする、叡智的なものの理念に支配されて、ギリシア人は運動と生成変化を実在の低度の段階であるとかんがえている。そこでは、同一性はもはや――せいぜいのところ――いつまでも続いているもの、つまりは循環の形態のもとでしか理解されない。同じものが反復とたえざる回帰をつうじて維持されるのを保証する循環的運動こそは、位階秩序の最上位にあって絶対的な不動性をなしているものの最も直接的で最も完璧な表現（それゆえ、神的なものに最も近いもの）なのである」（ピュエシュ）。

プラトンの『ティマイオス』においては、天体の循環的回転運動によって計測される時間が永遠性の運動をしているイメージとして定義されている。「世界の創造者は、永遠性の動的なイメージをつくりあげた。そして、天を秩序あるものとなし、不動にして一なる永遠性から出発して、このイメージをつねに数の法則にしたがって動いているものにした。わたしたちが時間と呼んでいるものがそれである」〔第一部一〇 37D〕。アリストテレスもまた、このようにとらえられた時間の循環的性格を強調している。「時間は天球の運動なのではないか。この運動こそは他のもろもろの運動の尺度なのであって、時間をも計測するのだ。……そして、時間もまた、一種の円環なのではないかとおもわれる。……だから、生み出されたものが円環をなしていると言うことは、時間の円環が存在すると言うことなのだ」〔『自然学』第四巻一四章 223b〕。このような考え方から最初に帰結するのは、時間は本質的に循環的なものであるので、それは方向をもたない、ということである。本来の意味では、それは始まりも真ん中も終わりももたない。あるいは、より正しくは、その循環運動のなかでたえず自己自身に立ち戻っていくかぎりでのみ、それらをもつのである。アリストテレスの『問題集』のある特異なくだりが説明しているように、この観点からは、わたしたちがトロイア戦争の後にいるのか先にいるのかを言うことはできない。「トロイア戦争の時代に生きていた者たちはわたしたちより先に存在している。また、さらに古い時代に生きていた者たちはトロイア戦争の時代に生きていた者たちより先に存在している。というように、無限に続けていくとして、つねに他の者たちより先に存在している者たちはさらにさかのぼった過去にいることになるのだろうか。あるいは、宇宙が始まりと真ん中と終わりをもっているのが真実だとしよう。そして、古くなって終わりに到達したものは、そのことによって、始まりに立ち戻っているというのが真実だとしよう。そのときには、わたしたちがトロイア戦争の時代に生きていた者たちよりもいっそう始まりに近いところにいるのを、だれが阻止できようか。……もし出来事の継起が円環をなしているのであってみれば、円環は本来始まりも終わりももたないのだから、わたしたちのほうが始まりにいっそう近いところにいるという理由で、わたしたちのほうが彼らよりも先に存在していると言うことはできないのであり、彼らのほうがわたしたちよりも先に存在していると言うこともできないのである」〔第一七巻916a〕。

　しかし、アリストテレスの『自然学』をつうじて西洋人の時間表象を二千年にわたって規定してきたギリシア人の時間経験の基本的性格は、時間を無限で数量化された点的な連続体に仕立て上げようというものである。こうして時間はアリストテレスによって「前と後とにしたがった運動の数」〔第四巻一一章219b〕として定義される。そして、その連続性は、それを幾何学的点（スティグメー＝stigmḗ）に似た、拡がりをもたない瞬間（ト・ニュン＝tò nŷn〔今〕）に分割することによって保証される。瞬間は、それ自体としては、時間を連続させているもの（synécheia chrónou）以外のなにものでもない。過去と現在を結合し、同時に分離する、たんなる限界なのだ。そのようなものとして、それはなにかとらえどころのないものであって、その逆説的な無化された性格は、アリストテレスによって、瞬間は、時間を無限に分割しながらもそれ自体はつねに同一でありつづけているかぎりで、未来と過去を結合して時間の連続性を保証するものであるかぎりで、つねに「他なるもの」であるという主張となって表明されている。そして、瞬間のもつこの性質こそは、時間の根源的な「他者性」とその「破壊的」性格の基礎なのである。「瞬間は時間の終わりであるとともに始まりであり、それの同じ部分の終わりと始まりではなくて、過去の終わりと未来の始まりであるから、円が同じ点において凹状をなしているのと同時に凸状をなしているように、これとおなじようにして、時間はつねに始まりつつあるとともに終わりつつあることになるだろう。このため、それはつねに他なるものであるようにみえる」〔第四巻一三章222b〕。

西洋人が時間をうまく統御できないでいるのは(そして、その結果、時間を「獲得」したり、「通過」させたりすることに執着しているのは)、その最初の根拠を、逃げ去っていく点的瞬間の量化された無限の連続体としての時間という、このようなギリシア人の時間概念のうちにもっている。

似たような時間表象をもっていた文化は、ほんとうの意味での歴史性の経験をもつことができなかった。古代が生きられた時間の経験をもっていなかったと主張するのは、たしかに事態を単純化してしまうものだろう。しかし、ギリシアの哲学者たちが時間の問題をあつかっていた場所がつねに『自然学』であるというのも、たしかなことなのである。時間はなにか客観的で自然的なものであって、それの「内部」にあるものを総包(periechón)で包むようにして包んでいる。それぞれの事物が場所のなかに存在するのとおなじように、それは時間のなかに存在するのだ。

しばしば、歴史の近代的な観念の始まりは、ヘロドトスの『歴史』の書き出しにある「ハリカルナッソスのヘロドトスは、時間が人々の事績を消し去ってしまうことのないように、ここにみずから研究調査したことを開陳しておく」という言葉にまでさかのぼらされてきた。歴史が戦おうとしているのは、時間のおよぼす破壊的な性格なのだ。そして、このことは古代人の時間概念が本質的に非歴史的なものであったことを確認させてくれる。認識の行為を指すエイデナイ(eide-nai)という言葉と同様、ヒストリア(historía)という言葉も、見ることを意味する語根、id-から派生している。ヒストール(Hístōr)というのは、もともとは、目撃証人、見た者のことであった。ギリシアにおける見ることの優位性ということは、ここでもまた、確認を見いだす。真正な存在を「まなざしへの現前」として規定することは、歴史の経験を排除するものである。歴史とは、けっして眼前にそのようなものとして現れることがないまま、つねにすでにそこに存在しているもののことなのだ。

III

多くの点で正反対の位置にあるのがキリスト教徒たちの時間経験である。古典古代の時間表象は円であるのにたいして、キリスト教徒による時間の概念化を導いているのは、直線のイメージである。「ヘレニズムとは反対に、キリスト教徒にとっては、世界は時間のなかで創造されたのであり、時間のなかで終焉しなければならない。一方には、創世記の話があり、もう一方には、黙示録の終末論的な展望がある。そして、創造と、最後の審判と、これら二つの出来事の一方から他方へと展開されていく中間の時期とは、いずれもが一回かぎりのものである。この創造された一回かぎりの世界、時間のなかで始まり、時間のなかで継続し、時間のなかで終わる世界は、その歴史の二つの面に制約された有限の世界である。永遠のものでもなければ、無限に持続していくのでもない。そして、それのなかで展開される出来事は、けっして反復されることはないだろう」(ピュエシュ)。

さらに、古典古代の方向をもたない時間とは対照的に、この時間は方向と意味をもっている。それは創造から終末へと不可逆的に展開していくのであり、キリストの託身のうちに中心的な参照点をもっている。そして、それは時間の展開を当初の堕落から最終的な贖い〔救済〕へと前進していく過程として特徴づけるのである。このため、聖アウグスティヌスは、ギリシアの哲学者たちの偽りの循環(falsi circuli)にキリストの真っ直ぐな道(via recta)を対置することができるのであり、新しいものはなにひとつ存在しない異教の永遠の反復に、いっさいがつねにただ一度かぎり起こるキリストの新しさ(novitas)を対置することができるのである。こうして、人類の歴史は救済の歴史として立ち現れることとなる。すなわち、神のうちに根拠をもつ、原罪からの贖いが、漸進的に実現されていく過程として立ち現れるのである。そして、この過程で起こるあらゆる出来事は、一回かぎりのものであって、他のものに取って代えることはできないのだ。

外見上は「この世」を軽蔑しているにもかかわらず、歴史性の経験のための土台を据えてきたのは、キリスト教だったのであり、世俗の出来事にかくも執心してきた古代世界ではなかった。じっさいにも、キリスト教は時間を星たちの自然的運動から断固として分離し、それを本質的に人間的で内面的な現象にしようとする。アウグスティヌスは不思議と近代的な響きのする言い回しでもって書いている。「もし天の星々が一カ所に留まっていて動かず、それでいて壺売りの車輪が回り続けているとしたら、その回転を計測するための時間は存在しないのではないだろうか。それらの回転が等間隔でなされているのか、それとも、速度があるときは遅くなり、あるときは速くなっているのか、そのいずれであるのかを言うことはできなくなってしまわないだろうか。……だから、わたしにはもはや、時間を構成しているのは天体の運動であるとは言えなくなってしまう。……わたしの霊よ、わたしが時間を計測するのは、おまえのうちにおいてなのだ」。

しかしまた、こうして内面化される時間は、なおもギリシア思想の点的瞬間のたえざる継起である。アウグスティヌスの『告白』の第一一巻全体は、とらえどころのない時間についての苦悶に満ちた、そして解決されないままになってしまった問いかけとともに、連続的で量化された時間は廃止されたのではなく、たんに星々の周回から内面的な持続へと移し換えられたにすぎないことを明らかにしている。それどころか、まさに点的瞬間というアリストテレス的観念を手つかずのまま維持していたことが、アウグスティヌスに時間の問題を解決することをさまたげているのである。「過去がもはや存在せず、未来がまだ存在しないのであってみれば、過去と未来というこれら二つの時間はどうなるのか。現在についていうなら、もしそれがつねに現在であったとしたなら、過去に到達することがないのだとしたら、それは時間ではなくて永遠であるということになるだろう。したがって、現在は過去に到達しなければならないのだとして、もしそうなら、それが存在するとわたしたちはどのようにして言うことができるのか。それは存在することをやめないかぎり、存在することができないからである。……もしこれ以上小さな部分に分割することのできないような時間の点というものを考えてみるなら、これこそはただひとつ、現在と言うことのできるものである。しかし、この点は未来から過去へと急速に飛んでいって、なんらの持続ももたない。それというのも、もし拡がっていれば過去と未来とに分割されるだろうが、現在は拡がりをもたないからである」。

原始キリスト教に時々姿を見せる、よりオリジナルな時間、完遂されて把握可能な時間の経験は、こうして、古典古代の数学化された時間によってふたたび覆われてしまう。これと並行して、ギリシア形而上学の古い循環的表象もまた、致命的なことにも立ち戻ってくる。このギリシア形而上学の同化のほうは、まずはネオプラトニズム化した教父神学をつうじて、そして続いてはスコラ神学とともに達成される。神性のレジームとしての永遠性が、その不動の循環によって、時間の人間的な経験を無化してしまおうとする。拡がりをもたず、つかみどころのない瞬間が、時間が永遠性の車輪と交叉する点に転化する。ギヨーム・ドーヴェルニュ〔一一八〇―一二四九年。

フランスの神学者」の『宇宙論』にはつぎのようにある。「永遠性と時間の関係についてのイメージをもつためには、永遠性とは無限の車輪のようなものであって、これの内部にあって、時間の車輪が永遠性の車輪と一点でのみ触れ合っている姿を想像してみるとよい。じっさい、ご存じのように、もしある円ないしは球体がもうひとつの円ないしは球体と、内部からであれ外部からであれ、接触するならば、接触は一点でのみ生じうる。すでに述べたように、永遠性はすべてが不動ですべてが同時発生的なものであるから、時間の車輪が永遠性の車輪に接触するときにはいつでも、接触は、まさにきっかり、その時間の車輪が回転しながら永遠性の車輪に接触するかぎりで生じるのである。このため、時間は同時発生的なものではないのだ」。

Ⅳ

近代の時間概念は直線的で不可逆なキリスト教的時間が世俗化したものである。ただ、それはいっさいの終末の観念からは断ち切れており、前と後とにしたがって構造化された過程という以外のあらゆる意味を奪われてしまっている。等質的で、直線的で、空虚な時間というこの表象は、手工業における労働の経験から生じたものであって、循環的な運動にたいする直線的で一様な運動の第一義性を確立する近代力学によってお墨付きをあたえられる。近代的大都市と工場における生活を特徴づけている、経験から引き抜かれて死んでしまった時間の経験は、逃げ去っていく点的な瞬間が唯一の人間的時間であるという考え方に信用をあたえるもののようにみえる。前と後、古典古代にとってはかくも不確かで空虚なものであったこれらの概念、そしてキリスト教にとっては時間の終わりを見据えてのみ意味をもっていたこれらの概念が、いまや、即自的かつ対自的に意味に転化する。そして、この意味が歴史の真実を明らかにするものとして呈示されるのである。

すでにニーチェが〔『反時代的考察』の第二論文「生にとっての歴史の利害について」一八七四年において〕エドゥアルト・フォン・ハルトマン〔一八四二―一九〇六年〕の〔『無意識の哲学』一八六八年において主張されている〕「世界過程」という概念（「過程のみが救済へと導いていくことができるのだ」）を標的にしながら見てとっていたように、一九世紀の歴史観を導いている概念は「過程」という概念である。意味は総体としての過程にのみ属していて、点的でとらえどころのない今にはけっして属さない。しかし、この過程は現実には前と後とにしたがった今のたんなる継起でしかないのだから、そして救済の歴史はその間にたんなる年代記に転化してしまっているので、意味らしきものが救済されうるのは、連続した無限の進歩という、それ自体としてはいっさいの合理的根拠をもたない考え方を導入することによってでしかない。自然科学の影響のもとで、年代記的に方向づけられた過程という考え方をたんに翻訳しただけの「発展」と「進歩」が、歴史的認識の指導的カテゴリーに転化する。時間と歴史についてのそのようなとらえ方は、必然的に、人間をその本来の次元から疎外し、真正の歴史性への接近をさまたげる。ディルタイとヨルク伯が指摘していたように(「この学派は全然歴史的ではなかった。支配的な潮流が力学的構築作業に専念していたときに、それは古遺物研究と美学を土台にして構築をおこなっていたのだ」)、一九世紀における歴史主義の外見上の勝利の背後には、現実には、自然科学をモデルとした認識理想の名においての歴史の根本的な否定が隠されていたのである。

そのような歴史主義にたいしては、レヴィ＝ストロースの批判は的を射たものといえる。彼は修史文書が年代記的で不連続な性質のものであることを明らかにしており(「その文書から独立した客観的な歴史的連続性が存在するかのように主張することはただいくつかの欺瞞的な標識によって保証されているにすぎず、歴史はわたしたちの認識のシステムのなかにあって正真正銘の神話の機能を展開することになってしまう」)、「歴史を超越的人間主義の最後の避難場所に仕立て上げようというひそかな目的のために定立されようとしている歴史と人間性の等式」を拒絶している。

しかしながら、肝腎なのは歴史を見捨てることではなくて、歴史性のより真正な観念へと接近していくことなのである。

V

ヘーゲルは、時間をアリストテレス的な点的瞬間のモデルにしたがって思考する。彼はアリストテレスの「ニュン」に「今」を対応させる。そして、アリストテレスが「ニュン」をスティグメーとして考えたように、「今」を点として考える。この「今」は、「存在の無への移行、そして無の存在への移行以外のなにものでもない」のであって、「真の現在」としての永遠である。西洋的な時間概念を支配している、空間的な表象と時間的な経験ということに含まれている意味は、ヘーゲルによって、時間を空間の弁証法的な否定と止揚として概念するという方向で展開される。空間的な点はたんなる無差別の否定態であるのにたいして、時間的な点、すなわち瞬間は、この無差別化された否定の否定、空間の「麻痺した不動性」の生成変化への止揚である。それゆえ、それはこの意味において否定の否定である。

時間をこのようにして否定の否定として定義するとき、ヘーゲルは、時間を点的瞬間の連続的な継起として定義しようとするさいに含意されている時間の無化された経験を極端な帰結にまで持っていこうという以外のことはしていない。彼は時間のとらえがたい本質に直面してのアウグスティヌスの不安が——意識的に引き受けられ、鎮められながらも——なおも振動している『エンチクロペディー』の一節で書いている。「時間は、存在していながら存在しておらず、存在していないにもかかわらず存在している存在である。すなわち、それは直観された生成変化なのだ」。そのようなものとして、それは形式上、人間、この「存在しないものであり、存在するものである」否定的な存在と同一である。それどころか、おそらく、ヘーゲルは時間を形而上学の点的瞬間のモデルにしたがって思考するからこそ、彼の体系のなかで、彼が人間精神の内部にあって作動しているのを見てとって弁証法の原動力にした「否定的なものの力」にかくも多くの役割をあてがうことができるのであった。ヘーゲルの体系のなかにあって、時間と人間精神とをともに否定の否定として解釈して、双方の形式的同一性となって表現されているものは、西洋人の無化された時間経験とその文化の否定的な力とのあいだの、なおも問われるべく残されている結びつきである。これと似た時間経験をもっていた文化のみが否定を人間精神の本質にすることができたのであって、それと連携している時間概念と関連させてみないかぎり、ヘーゲル弁証法の真の意義は理解されないのである。それというのも、弁証法とは、なによりもまずもっては、否定的でとらえどころのないもろもろの瞬間の連続を維持し一つに結集する(dia-légesthai)ことを可能にするもののことであるからである。

ところが、ヘーゲルにおいては、時間の起源およびそれが精神と形式的に同一であることの意味がそのようなものとして問われることはない。時間はたんに「それ自体としては達成されていない精神の必然性および運命として」登場するにすぎない。精神は時間のなかに墜落しなければならない。「歴史における理性」(『歴史哲学講義』の序論)には、こう記されている。「歴史の進化が時間のなかで生み出されるということは、精神の概念に合致している」。しかし、見たように、時間とは「存在していながら存在しておらず、存在していないにもかかわらず存在している存在」であるから、絶対者は「結果」としてのみ真実でありうる。そして、「時間のなかに疎外された精神」である歴史は、本質的にシュトゥーフェンガング(Stufengang)、段階を追って前進していく過程である。疎外の疎外として、それは絶対精神の「長い苦難」と「再発見」なのであり、それの無限性そのものの「苦杯」からそれに立ちのぼってくる「泡」なのだ。

純粋の否定を本質とする時間と同様、歴史も瞬時につかみとられることはけっしてないのであって、世界的な過程としてのみ把握されうる。それゆえ、それは幸福を理想とする個人の生きられた経験からは引き剝がされたままに留まっている。「歴史を考察するにあたっては、幸福の観点も採用することができる。しかし、歴史は幸福の場所ではないのだ」。ここから、ヘーゲルの歴史哲学においては、「世界精神」を体現した「偉大な歴史的個人」という暗い形象が出現することとなる。「偉人」たちというのは、世界精神が前進していくにあたっての道具でしかない。個人それ自体としては、「彼らは普通幸福な人間といわれている存在ではない」。「ひとたび目的を達成してしまったなら、彼らは中味のなくなった袋のように萎んでしまう」。歴史の現実の主体は国家なのだ。

VI

マルクスが歴史を思考する仕方は、ヘーゲルとはまったく異なっている。マルクスにとっては、歴史は人間がそこに堕落するなにものかではない。すなわち、歴史とはたんに人間精神が時間のうちにあるということではなくて、ガットゥングスヴェーゼン(Gattungswesen)、類たりうるかぎりでの、すなわち、本源的にたんなる個人としてでもなければ抽象的一般性としてでもなく、普遍的な個人として産み出されるかぎりでの、人間の本源的な次元なのである。それゆえ、歴史が規定をあたえられるのは、ヘーゲルや彼に由来する歴史主義におけるように、否定の否定であるかぎりでの直線的時間の経験から出発してではない。そうではなくて、実践(praxis)から、人間の本質にして起源である具体的活動から出発して、歴史は規定されるのである。人間が人間の起源および本質(ガットゥング〔類〕)として定立される実践は、ただちに、「最初の歴史的行為」でもある。人間的本質が人間にとっての自然に転化し、自然が人間に転化するという意味での、歴史の始源的行為なのである。歴史はもはや、ヘーゲルにおけるように、人間が疎外される運命にあって、必然的に否定的時間のなかに堕落していかざるをえず、そこにおいて無限の過程のなかに引き込まれている自分を見いだすといったものではない。そうではなくて、それは人間の自然本性、すなわち、疎外が一時的にそこから引き剝がしていたガットゥングスヴェーゼン〔類的存在〕としての自己自身に人間が本源的に所属しているということにほかならないのである。人間は時間のなかに堕落しているから歴史的存在であるのではない。そうではなくて、正反対に、歴史的存在であるからこそ、時間のなかに堕落することができるのであり、人間の時間化が可能となるのである。

マルクスは彼の歴史観念に見合った時間の理論を練りあげることはしなかった。しかし、この時間の理論が点的な瞬間の無限の連続した継起としての時間というアリストテレス的およびヘーゲル的な考え方と両立しえないものであることはたしかである。この無化された時間経験の地平のなかで動いているかぎり、真正な意味での歴史に接近することは不可能である。それというのも、その場合には、真理はつねに総体としての過程に属していることになり、人間はけっして具体的に、すなわち、実践的に、みずからの歴史を自分のものにすることはないだろうからである。それどころか、現代人の直面している基本的な矛盾は、まさしく、彼がいまだに彼の歴史観念に見合った時間の経験をもっていないということ、それゆえ、もろもろの瞬間のとらえどころのない逃走としての時間のなかにあるということと、人間の本源的な次元という意味に解された歴史のなかにいるということとのあいだで引き裂かれて、苦悶しているということであるのだ。歴史についてのあらゆる近代的なとらえ方の特徴をなしている、歴史はレース・ゲスタエ（res gestae）〔なされた事績〕であると同時にヒストリア・レールム・ゲスタルム（historia rerum gestarum）〔なされた事績についての調査研究〕でもあるという二重性は、このようにして人間が時間のなかで自分を見失ってしまって、みずからの歴史的な自然本性を自分のものにすることができないでいることを言い表している。

VII

円環として考えられているにせよ、直線として考えられているにせよ、あらゆる西洋的な時間のとらえ方を支配しているのは、時間が点的な性格をもつということである。生きられた時間は形而上学的‐幾何学的概念(拡がりをもたない点としての瞬間)を介して表象され、そのうえで、つぎには、この概念がそれ自体経験の現実的な時間であるかのようにして事が進められるのだ。すでにヴィーコが〔『イタリア人の太古の知恵』一七一〇年において〕指摘していたように、幾何学的点という概念はひとつの形而上学的概念であるのであって、形而上学が自然学のなかに浸透していくにあたっての「邪悪な入り口」(malignum aditum)を提供してきたのであった。ヴィーコが幾何学的点について言ったことは、時間的「点」としての瞬間についても言うことができる。それは、形而上学の永遠性が時間の人間的な経験のなかに忍びこんで、その経験を修復不可能なしかたで分裂させてしまうさいの入り口なのだ。したがって、時間を別のしかたで思考しようとするあらゆるこころみは、どうしてもこの概念と衝突することにならざるをえない。そして、瞬間の批判が新しい時間経験の論理的条件をなすのである。

従来のものとは異なった新しい時間概念の諸要素は、西洋の文化的伝統の襞と影のなかにばらばらに散らばって横たわっている。これらの襞と影に光をあててやりさえすれば、それらの諸要素はまちがいなく、わたしたちに差し向けられたメッセージの伝令として生起してくるものとおもわれる。ひいては、それらを明るみに出すことがわたしたちの任務となるのである。ギリシア的なものともキリスト教的なものとも根本的に対立する関係にある時間経験が姿をあらわすのは、グノーシス、この西洋の見失われた宗教においてである。ギリシア的経験の円環とキリスト教的経験の直線に、グノーシスはその空間的モデルが破線によって表象されうるようなとらえ方を対置する。このようにして、それはまさしく、古典古代においてもキリスト教においても変化することなく存続している、持続、つまりは点的で連続した時間というとらえ方を撃つ。ギリシア的経験のコスモス的な時間は、グノーシスによって、世界にたいする神の絶対的外在性の名において否定される。神はアロトリオス(allótrios)、卓越して外的な存在であって、その摂理的行動は宇宙の諸法則を維持することではなく、破断することにあるのだ。救済へと向かおうとするキリスト教的な直線的時間にかんしては、グノーシス派にとっては、復活は時間のなかで待機すべきもの、そして多少とも遠い未来において到来するものではなくて、つねにすでに到来してしまっているという理由で、これまた否定される。

したがって、グノーシスの時間は、非等質的で一貫性をもたない時間であって、それの真理は人間が突然の自覚によってみずからが復活した状態にある(「しっかりと復活にあずかっている」)ことを会得する唐突な破断の瞬間のうちに存しているのである。この破断した時間の経験に貫かれて、グノーシス派の態度は断固として革命的である。彼は過去を拒絶するが、過去のうちでまさしく否定的なものとして断罪されていたもの(カイン、エサウ、ソドムの住民)は、範例的な現在化をつうじて、しかしながら未来からはなにひとつ期待することがないままに、再評価するのだ。

ストアにおいても、没落を迎えた古代はみずからの時間概念を乗りこえつつあるようにみえる。この乗りこえは、永遠性を形象化したものである『ティマイオス』の天文学的な時間と、数学的瞬間というアリストテレス的な概念との拒否となって表明される。等質的で、無限で、量化され、現在を拡がりをもたない点としての瞬間に分割する時間は、ストア派にとっては、非現実的な時間であって、その範例的な経験は待機と延期のうちに存しているのであった。このつかみどころのない時間への隷属は根本的なひ弱さを構成しており、時間を無限に延期していくことによって、人間存在がなにか単独的で達成されたものを自分のものにするのをさまたげているのである(「つねに不完全なままでいるということ、それのなかにあって別のものが相違しているということは、人生にとって最大の欠点である」)。この根本的なひ弱さに直面して、ストア派は、なにか客観的でわたしたちの統制の手から免れたものではなくて、人間の行動と決断から生じる時間の解放的経験を立てる。彼のモデルはカイロスである。決断が機会をとらえ、瞬時にしてみずからの生を完遂するような、突然の符合である。こうして、無限の量化された時間は、突如として、限定され、現在化される。カイロスは、さまざまな時間をみずからのうちに集中させるのであり（「あらゆる時間のひとつの時間への収集」）、それのなかにあっては、賢者は、神が永遠性のうちにあってそうであるように、なんでも思いどおりになる自分の主人なのだ。それは事あるごとにみずからの生にほどこされる「最後の上塗り」なのであって、人間を量化された時間への隷属から根本から引き抜くのである（「日々生活に最後の上塗りをほどこしている者は時間を必要としない」）。

VIII

現代思想が時間を新しい仕方で思考しようとするたびに、それが必然的に量化された連続的な時間の批判でもって始めなければならなくなるのは、偶然ではない。そのような批判は、ベンヤミンの『歴史哲学テーゼ』とハイデガーが『存在と時間』において完遂することができずに終わってしまった時間性の分析の基礎をなしている。かくも隔たった二人の思想家のあいだにこのような一致が見られるというのは、西洋文化をほぼ二千年にわたって支配してきた時間概念がいまや没落に近づきつつあることの徴のひとつである。

ベンヤミンにおいては、カフカをして「最後の審判の日は通常の歴史的状態である」と書かせ、歴史は無限の直線的時間に沿って展開するという考え方に代えて、根本的な出来事がつねに進行中の状態にあって、目標が遠い未来にあるのではなく、つねにすでに現在しているような「歴史の状態」という逆説的なイメージを提示させるにいたったのとおなじ、ユダヤ教のメシア的直観が作動している。これらのテーマをとりあげなおして、ベンヤミンは「非常事態が規則である」という確認に照応した歴史のとらえ方を探求する。形而上学的伝統の無化された現在に代えて、ベンヤミンは「移行ではなくて、時間の敷居に不動のままとどまっている現在」を立てる。社会民主主義と歴史主義に固有の、歴史のうちにあっての人類の進歩という、「等質的で空虚な時間をつうじての進軍という考え方と不可分離の関係にある」考え方に、「歴史の連続を飛び越えさせるという革命的な意識」を対置する。量化された空虚な瞬間に、「人類の歴史を大いなる縮約のうちに結集した」出来事の進行のメシア的停止という意味での「今 - 時間」(Jetzt-Zeit)を対置する。そして、「歴史の構築の真の場所」であるこの「充実した時間」の名において、ベンヤミンは、独ソ条約に直面して、第一次世界戦争後におけるヨーロッパの左翼を破局に導いてきた諸原因の透徹した批判を展開するのである。こうして、「あらゆる瞬間がメシアの入ってこられる小さな門であった」ユダヤ教のメシア的時間が、「政治家たちがしがみつづけている歴史観とのいっさいのつながりを回避する」歴史のとらえ方のモデルに転化するのであった。

しかし、点的で連続した時間というとらえ方が西洋形而上学を全体として覆っている反復 - 破壊という見通しのもとで根本的な批判にふされるのは、ハイデガーにおいてである。最初から、ハイデガーの探求は、通俗的歴史主義の歴史観を超克した歴史の状況、「「現存在こそは歴史的である」という主張が存在論的‐実存的性格の根本原則として登場することにならざるをえない」ような歴史の状況へと差し向けられている。これは「現存在が「普遍史」のなかに入り込むという事実のたんに存在的な確認とは」なんの関係もない。このため、自然科学から独立した精神科学の歴史的基礎づけというディルタイのこころみは、とりあげられた瞬間にその不十分さが明らかにされる。しかし、『存在と時間』の新しさは、歴史性の基礎づけが、従来のものとは異なった、より真正な時間経験を明るみに出すような時間性の分析と歩調をあわせて、遂行されているということである。この新しい時間経験の中心に存在しているのは、もはや、直線的時間にそって逃げ去っていく、とらえどころのない点的瞬間ではなく、現存在がみずからの有限性の経験をするさいの真正な決断の瞬間である。そして、その有限性の経験は、あらゆる時点で、誕生から死へと拡がっており(「現存在は、それに到達してしまったなら単純に存在を停止してしまうような目的をもつのではなく、有限に存在しているのだ」)、配慮のなかでみずからの前に投射されることによって、みずからの本源的歴史性を自由に運命として引き受ける。ひいては、人間は時間のなかに堕落することはなく、「本源的な時間化として存在する」。人間は、みずからの存在において、先慮的であり、将に到来せんとしているものであるからこそ、みずからが投企された存在であり、その瞬間に同時に「時間のために」存在していることを引き受けるのである。

歴史性を配慮としての人間の存在のうちに基礎づけようとするこのこころみが、置かれている領域こそ異なるとはいえ、歴史性を実践のうちに基礎づけようとするマルクスのこころみと、なんら対立するものではないことを明らかにするのは、容易だろう。両者はいずれも、通俗的歴史主義にたいしては対極の位置にいるのである。このため、ハイデガーは、『ヒューマニズム書簡』において、「歴史についてのマルクスのとらえ方は他のあらゆる歴史叙述に優位している」と書くことができたのであった。それよりも興味深いのは、おそらく、存在了解の地平としての時間の本源的開示という『存在と時間』の計画が放棄された晩年の著作のなかでは、ハイデガーの思想は、形而上学の超克がいまや完遂されたなかにあって、人間の歴史性が全面的に新しい仕方で思考されうるような次元にまで到達しているということに注意を喚起しておくことだろう。ここは、『存在と時間』以後のハイデガーの思想の中心をなしていると同時に究極の限界をもなしている性起(Ereignis)という概念の説明をこころみる場所ではない。しかし、ここでわたしたちに関心のある展望のもとで、すくなくとも、それが性起をもはや時間的 - 空間的な規定としてではなく、あらゆる時間的 - 空間的な規定の基礎をなしている本源的な次元を開示したものとして思考することを可能にしてくれるということは示唆しておかねばならない。

しかしながら、時間についての新しいとらえ方がその基礎を見いだすことのできる、直接的で、各人が随意に使用しうる経験が存在する。この経験は人間的なものにとってかくも本質的なものであるので、西洋のある古い神話はそれを人間の本源的な祖国にしているほどである。すでにアリストテレスも、それが量化された連続的な時間の経験にたいして異質なものであることに気づいていた。彼は『ニコマコス倫理学』のなかで書いている。「快楽の形相(eîdos)はいかなる時点においても完全(téleion)である」と。そして、快楽は、運動とは異なって、時間の空間のなかで展開されるのではなく、「あらゆる瞬間において完璧で達成されたものである」と付け加えている。このように快楽が量化された時間とは通約不可能なものであるというとらえ方は、どうやら今日のわたしたちは忘れてしまっているようであるが、中世にはなおも親しく流通していたとらえ方であったのであって、聖トマスは「快楽は時間のうちに存在しているか」という問いに否定的に答えることができたほどであった。そして、このおなじ意識が、測定可能な持続から免れているがゆえに完全な快楽(fin'amours, joi)を求めようとするプロヴァンスの吟遊詩人たちのエデン的計画をささえてきたのであった。

このことは、快楽が永遠性のうちにその場所をもっているということを意味するものではない。西洋の時間経験は永遠性と連続的な直線的時間とに分裂している。それらを連結している分割点は、拡がりをもたず、とらえどころのない点としての瞬間である。時間を統御しようとするあらゆるこころみを挫折へと宿命づけているこのとらえ方に、人間の本源的な次元としての快楽に固有の場所は、連続した点的時間でもなければ永遠性でもなくて、歴史であるというとらえ方を対置しなければならない。ヘーゲルが主張していたのとは反対に、快楽の本源的な場所としてのみ、歴史は人間にとって意味をもちうるのである。この意味においては、アダムの天国における七時間は、あらゆる真正な歴史的経験の本源的な核心である。じっさい、歴史は、支配的なイデオロギーが欲しているように、連続した直線的時間へと人間を隷属させるものではなくて、そのような時間から人間を解放するものなのだ。歴史の時間とはカイロスであるのであって、そこにおいて人間のイニシアティヴは自分に有利な機会をつかまえ、同時に、みずからの自由についての決断をくだすのである。通俗的歴史主義の、空虚で、連続的で、無限の時間に、快楽の、充実していて、不連続で、有限の完遂された時間を対置しなければならないように、似而非歴史のクロノロジー的な時間に、真正な歴史のカイロロジー的な時間を対置しなければならないのだ。

　真の史的唯物論者というのは、無限の直線的な時間にそって進歩の虚像を追い求める者のことではなく、人間の本源的な祖国は快楽であるということの記憶を保持していて、あらゆる時点において時間を停止させることのできる者のことである。真正な革命において経験されるのは、この時間である。真正な革命は、ベンヤミンが想起しているように、いつの場合にも、時間の停止およびクロノロジーの中断として生きられてきたのであった。しかし、そこから新しいクロノロジーではなくて、時間の質的な変化(カイロロジー)が湧き出てくるような革命は、最も重大な結果をもたらす革命であり、復古の逆流のなかに呑み込まれてしまうことのない唯一の革命であろう。じっさい、快楽のエポケーのなかにあって、みずからの本源的な祖国としての歴史を想起させられた者は、この記憶をあらゆる事物においてたずさえていき、この約束をあらゆる瞬間において要請するだろう。その者こそは真の革命家であり、真の見張り番なのだ。時間から、千年王国においてではなく、今解き放たれた者として。

君主とカエル

アドルノとベンヤミンにおける方法の問題

テオドール・W・アドルノのW・ベンヤミン宛ての手紙(ニューヨーク)一九三八年一一月一〇日

親愛なるヴァルター

この手紙を出すのが遅れたことは、わたしとわたしたち全員にたいする恐るべき非難を提起することでしょう。けれども、おそらく、これにたいしては、いささか弁解しておかねばならないのではないかとおもわれます。と申しますのも、あなたの『ボードレール』への回答がまるまるひと月も遅れたことは、たしかに怠慢のせいではないからです。

理由はもっぱら客観的なものです。それらは、あなたの原稿にたいするわたしたち全員の立場、そして(『パサージュ』にかんする仕事の問題にはわたしが深くコミットしていましたので、こう申しあげても無遠慮なことではないのではないかとおもいますが)とくにわたしの立場にかかわっています。わたしは『ボードレール』が到着するのをとても張りつめた気持ちで待っていました。そして、それを文字どおりむさぼり読みました。あなたが仕事を予定の期間内に仕上げられたことにたいしては、ただただ賛嘆するばかりです。そして、この賛嘆の念こそは、わたしの熱い期待と届いたテクストとのあいだに置かれているものについて語るのを、ことのほかむずかしくしているのです。

ボードレールにかんする論考を『パサージュ』のモデルにするというあなたの考えを、わたしはいつになく真面目に受けとりました。そして、ファウストがブロッケン山の走馬燈のような光景に、かずかずの謎を解いてくれるものと信じて近づいていったのとあまり変わらない気持ちで、あなたの悪魔的な場面に近づいていきました。ところが、あに図らんや、メフィストフェレスの答えを、すなわち、多くの謎があらたに押し寄せてきたという答えを、わたし自身にあたえざるをえなかったと申しあげても、ゆるしていただけるでしょうか。「遊民《フラヌール》」および「近代《モデルヌ》」と呼ばれている章を読んで、わたしのうちに失望のような念が生み出されたことをわかっていただけるでしょうか。

この失望の念は、その根拠を、基本的に、あなたの仕事は――わたしが読んだかぎりでは――『パサージュ』のモデルをなすものでもなければプレリュードをなすものでもないという事実のうちにもっています。そこに集められているテーマは、根底までつきつめては展開されていません。マックス〔・ホルクハイマー〕に宛ててお出しになった、添付されている手紙のなかで、あなたはそのこと〔根底までつきつめて展開することをしていないこと〕をあなたの意図を表明されたものだとおっしゃっています。そして、あなたが禁欲を守って、もろもろの問題への決定的な理論的回答をいたるところで白紙のままにされており、問題自体が秘伝を授かった者たちにしか見えなくなってしまっているようなふうになさっているのを、わたしも認めないわけではありません。しかし、おたずねしたいのですが、この禁欲は、そのような対象にたいしては、そしてまたかくも切実な内的要請にみちたコンテクストのなかでは、最後まで維持されうるものなのでしょうか。あなたのお書きになったものを忠実に読ませていただいている者として、あなたの作品のなかにはこのような進め方の先例がないわけでないことは、十分に承知しています。『文学世界』に発表なさったプルースト論やシュルレアリスム論がそうですね。でも、これらの論考でとられている方法論的進め方は『パサージュ』の全体にもそのまま移行させうるものなのでしょうか。パノラマと「手がかり」、遊民《フラヌール》とパサージュ〔遊歩街〕、近代《モデルヌ》と理論的解釈をともなわないいつも同じもの――これは、それ自身のアウラによって消尽されるままにしておくのではなくて、辛抱強く解釈を期待してもよい素材ではないのでしょうか。あらゆる対象のもっているプラグマティックな内容は、孤立させられてしまったなら、むしろ、解釈の可能性に逆らって、ほとんど悪魔的といってよい流儀でもって、魔法をかけてしまうことにならないでしょうか。いまも忘れがたいケーニヒシュタインでの語らいのさい、あなたはおっしゃいましたよね。『パサージュ』での思索はいずれも狂気が支配している領域からは引っこ抜かなければならない、と。はたして、そのような思索にとって、とても分け入っていけそうにもない素材の堆積層のなかに塗り込められていることが、あなたの禁欲的な規律がそれらから要求しているほど、利益になることなのでしょうか。現在のテクストにおいては、『パサージュ』は遊歩をさまたげる歩道の狭さへの示唆でもって始められています。このプラグマティックな導入の仕方は、わたしがホルンベルクから手紙を書いていたときに頑固なまでに主張していた走馬燈の客観性を損なうもののようにおもわれるのです。また、第一章における問題提起は、走馬燈を文学的ボヘミアンの振舞いに引き戻してしまっています。ご心配なさらないでください。わたしが申しあげたくおもっているのは、あなたの仕事のなかで走馬燈がそのまま存続してほしいということなのです。あるいは、あなたの仕事そのものが走馬燈的な性格を帯びていただきたいということなのです。ただ、清算がその真の深さにおいて成功するのは、走馬燈が歴史の哲学の客観的なカテゴリーとして機能させられるようになる場合であって、もろもろの社会的な性格の「ヴィジョン」として機能させられるときではないのです。まさにこの点で、あなたの考え方は一九世紀に取り組むさいの通常の取り組み方から離れています。しかしまた、あなたの要請の解決は、いつまでも引き延ばしているわけにもいかなければ、事態の素朴な表象をつうじて「準備」するというわけにもいかないのです。これがわたしの異議です。第三章において、古い定式をふたたび取りあげようとなさって、一九世紀の前史ではなくて、一九世紀における前史が——とりわけ、ヴィクトール・ユゴーにかんするペギーの文章からの引用のなかで——登場するとき、これはおなじ事情を別様に表現したものでしかありません。

どうやら、異議は対象にたいして「白紙のままにしている」ことに異議を唱えうるということに尽きるものではないようです。まさに、解釈に逆らおうとするこのような禁欲をつうじて、あなたは当の禁欲が反逆しようとしていた領域のなかに立ち戻ってしまっているようにおもわれるのです。すなわち、歴史と魔術のあいだで揺れ動いている場所がそれです。むしろ、わたしが見ているのは、テクストが弁証法的唯物論とのあいだに緊密な関係をとりむすぶなかで、それ本来のアプリオリに落ちこんでいく瞬間なのです。そして、まさにこの点において、わたしはわたしのためだけでなく、マックスのためにも語っているのです。マックスとは、この問題を徹底的に議論してきました。ここでは、できるだけ簡単に、そしてヘーゲルふうに、見解を述べるのをおゆるしください。もしさほど間違っていなければ、この弁証法はひとつのことを欠いています。媒介です。〔あなたの論考には〕全般的にいって、ボードレールのプラグマティックな内容を直接彼の時代の社会史の隣接的な諸特徴、とりわけ経済的性質の諸特徴に関連させようとする傾向が支配しています。葡萄酒税にかんするくだりや、バリケードにかんしていくつかの議論がなされている個所や、あるいはパサージュにかんするすでに言及したくだりがそうです。最後のくだりは、わたしにはとりわけ問題があるようにおもわれます。それと言いますのも、まさにここでは、生理学にかんする原理上の理論的考察から遊民《フラヌール》の具体的な表象への移行はとりわけ根拠薄弱なものにとどまっているからです。

そうしたわざとらしさの感覚は、作品が本腰を入れて取り組むべき主張に代えて比喩的な主張を登場させるたびに、わたしのうえに強く刻印されます。都市が遊民にとっての「内部空間」へと変貌したということが述べられているくだりが、とくにそうです。そこでは、あなたの作品の最も力強い観念のひとつがたんなる「……であるかのように」として提示されてしまっているようにおもわれるのです。また、水泳選手が冷たい水のなかに飛び込むのをぞっとする思いで見てわたしたちの味わう恐怖感からどうしても自由になることのできない、これらの唯物論的遠足《エクスクルスス》と緊密に結びついて、ここでの遊民《フラヌール》の振舞い方とか、もうすこし下ったところに出てくる、都市における見ることと聞くことの関係にかんして述べられている一節とかのように、具体的な振舞い方への呼びかけがあります。あとの一節ではジンメルの文章からの引用への訴えがなされていますが、これは偶然ではありません。これらのことすべてがわたしを不安にさせるのです。でも、わたしの戦闘馬にまたがるための手近な機会をつかもうとしているのではないか、などと心配しないでください。わたしの馬には通りがかりにひとかけらの砂糖をあたえてやるだけで事足ります。そして、あとは、この種の具体性とその行動主義的な諸特徴にたいしてわたしが反撥する理論的な理由をあなたに指摘することに努めます。このことはほかでもありません、上部構造の領域からだれの目にも明白な個々の特徴を「唯物論的に」取り去って、それらを直接それに対応する構造の諸特徴との因果的な関連のうちに置くことは、方法論上不幸なことであるとわたしが考えているということなのです。もろもろの文化的性格について唯物論的規定をあたえることが可能となるのは、グローバルな過程をつうじて媒介される場合だけなのです。

葡萄酒にかんするボードレールの詩がいつの場合にも葡萄酒税と関税障壁によって動機づけられうるということにかんしていえば、ボードレールの作品のなかにこのテーマがくりかえし登場することは時代の社会的および経済的なグローバルな傾向をつうじてのみ決定されうるのです。すなわち、ごく狭い意味での彼の作品の問題設定という意味では、ボードレールの時代における商品形態の分析をつうじてのみ、決定することができるのです。このことにはらまれている困難をわたし以上によく知っている人はいません。ヴァーグナーにかんするわたしの本の「幻像」にかんする章は、うたがいもなく、なおもこの困難の高みにいたっていることを示してはいませんでした。『パサージュ』は、最終的な形態においては、この任務に取り組むことから免れることはできないでしょう。葡萄酒税からの葡萄酒の魂(l'âme du vin)の直接的な導出は、もろもろの現象に、まさしく、それらが資本主義のなかで放棄してきた自然らしさと捕捉可能性と厚みを帰属させるものです。この種の直接的でほとんど人類学的とでも言いたい唯物論には、根底においてはロマン主義的な要素が隠されています。あなたがボードレールの形式的世界を生活の諸欲求と突き合わせようとされている仕方が唐突で不似合いなだけに、それだけいっそうわたしはそのことを感じるのです。それが欠如しているとわたしが感じており、唯物論的歴史の魔術的呼び出しのなかで隠蔽されてしまっているのをわたしが見る「媒介」こそは、あなたの仕事が脇に置いたままにしている理論にほかなりません。理論が抜け落ちてしまったことは、経験的なものの分野にも影響をあたえます。一方では、それは経験的なものに欺きようもなく叙事詩的な性格を授与します。そして、他方では、たんに主観的なものとして経験されたもろもろの現象から、それら本来の歴史哲学上の重みを奪ってしまうのです。そのことはこのようにも表現することができるでしょう。事物を名前で呼ぶという神学上のテーマが純粋に事実的なものの青ざめた表象へと反転しようとしている、と。このことをなおいっそうドラスティックなふうに表現させていただくなら、あなたの仕事は魔術と実証主義の交差点に位置していると言うことができるのかもしれません。この場所は魔法をかけられています。理論だけが呪文をうちやぶることができるのです。遠慮なく言わせてもらいますと、あなた本来の、良き思弁的理論がそれなのです。あなたの要請だけをわたしはあなたの意志に逆らって通用させようとおもうのです。

……このことによって、わたしには問題の核心に触れたようにおもわれます。あなたの仕事全体がわたしおよび『パサージュ』へのわたしの正統的信仰にたいしてだけでなく生み出す効果は、あなたが無理をなさったということです。マルクス主義に貢ぎ物を支払うために。でも、それはマルクス主義にとってもあなたにとっても利するところがありませんでした。マルクス主義にとって利するところがなかったのは、グローバルな社会的過程をつうじての媒介が欠如しているからであり、物質的な枚挙の作業に、ほとんど迷信に近いしかたで、照明力が帰属させられているからです。しかし、そのような照明力はプラグマティックな指示に属することはけっしてなく、理論的な構築作業にのみ属しているのです。あなたの具備しておられる、より本来的な実質にとって利するところがないのは、あなたがあなたのきわめて大胆で実り多い観念を展開するのを唯物論的カテゴリー(これらは断じてマルクス主義的カテゴリーと符合するものではありません)にしたがった一種の事前検閲のもとで阻止してしまっているからです。しかも、それはたとえ引き延ばしの形態をとったものであっても事情はおなじなのです。神の名に誓って申しますが、ただひとつの真理のみが存在するのです。そして、もしあなたの思考の力がこの唯一の真理を——唯物論についてのあなたの考えにしたがえば正経外のもののように見えかねないカテゴリーのなかで――自分のものになさるなら、あなたがそれを捕まえることにあなたの手がたえず抵抗している知的装備を利用しつづける場合以上のなにものかを、あなたはこの真理の家に持ち運んでこられることでしょう。……

＊

W・ベンヤミンのテオドール・W・アドルノ宛ての手紙

パリ、一九三八年一二月九日

親愛なるテディー

一一月一〇日のあなたの手紙へのわたしの返事がただちには出せなかったとしても、きっと驚かれないことでしょう。あなたの手紙がずいぶんと遅れたことはすでにその内容を予想させるに十分ではありましたが、そのことはあなたの手紙がわたしに一撃をくらわせるのをさまたげるものではありませんでした。くわえて、わたしはあなたの予告なさった修正案を待ちたいとおもっていたのですが、それが届いたのはやっと一二月六日になってからのことでした。それを待っている時間がわたしにあなたの批判をできるかぎり注意深く検討する可能性をあたえてくれました。わたしはあなたの批判を実りのないものだとか、いわんや理解しがたいなどとは、けっして考えていません。原則的な点にかんしてのわたしの見解を述べてみることにしようとおもいます。

……

わたしはサン・レモでのわたしたちの談話のことを記憶していましたので、あなたのほうで言及しておられるのとおなじ点について語ってみたいとおもいます。もしわたしが当時、わたし本来の生産的関心の名において秘教的な思想の過程を自分のものにし、弁証法的唯物論の関心のうえを通り過ぎていくことを拒否したのだったとすれば、最終的にそこで賭けられていたのは、弁証法的唯物論へのたんなる忠誠といったようなことではなくて、わたしたち全員が最近一五年間にしてきた経験との連帯感であったのです。この場合にも、それはわたしの最も本来的な生産的関心であったのです。ただ、それらがたまたまそれまでの関心に暴力をふるおうとこころみたことがありえたというのは、否定しようとはおもいません。ここにはひとつの敵対的な関係が存在していますが、そこから自由になりたいなどとはわたしは夢にも願っていません。それが止揚されてしまえば、わたしがわたしの仕事に課している問題がなくなってしまいます。わたしがわたし自身に課している問題は、その敵対関係を構築することと一体をなしているのです。つまりはこういうことです。思弁がその大胆かつ必要な飛翔をなんらかの成功の見込みをもって敢行することができるのは、秘教的なものの蠟の翼を身に着けることによってではなくて、その力の源泉を構築のうちにのみ求める場合に限られるのです。そして、構築は、本の後半部分が基本的に文献学的な素材でもって形成されることを要求していました。したがって、それは「禁欲的な規律」というよりは方法論上の配慮だったのです。そのうえ、この文献学的な部分こそは、唯一、自立的な部分として予想されえた部分であったのです。これがぜひとも考慮していただきたかったことなのでした。

あなたが「事実的なものの青ざめた表象」ということをおっしゃるとき、あなたは純然たる文献学的な態度をこのようなふうに特徴づけておられるわけです。でも、この文献学的態度は、その成果のためばかりでなく、それ自体として、構築のなかに降りていかなければならないのではないでしょうか。じっさい、魔術と実証主義の無区別は、あなたがおっしゃるように、清算されなければなりません。いいかえれば、著者の文献学的な解釈は、ヘーゲル流に弁証法的唯物論によって廃棄されるとともに保存されなければならないのです。文献学というのは、読者が魔術的に釘付けになっているテクストを分解して、その個別的な諸要素を漸次観察していくものなのです。ファウストの白の上に描かれた黒とグリムの子供への愛とは、緊密に類縁関係にあります。それらは共通に魔術的な要素をもっています。そして、それを悪魔祓いすることが、最後の部分で、哲学の任務となるのです。

驚異は、あなたがキルケゴールにかんする本のなかで書いておられるように、「弁証法と神話とイメージのあいだの関係についての最も深い理解」を告知しています。わたしのほうでも、このくだりに言及するのは、おそらく、たやすいことだったでしょう。しかし、反対に、わたしはそれに修正をくわえるよう提案したいとおもいます（そのうえ、弁証法的イメージについての続く定義にかんしては、別の機会におこなおうとかんがえています）。すなわち、驚異はそのような理解のための卓越した対象であると言うべきではないのでしょうか。文献学的探究に同意し、探究者を魔法のなかに投げ込む、閉じた事実性という外観は、対象が歴史的な見通しのもとで構築されるようになったとたん、その瞬間に消えてなくなります。この構築の消失点はわたしたち自身の歴史的経験へと収斂していくのです。そのことによって、対象はモナドとして構築されます。モナドのなかでは、原文のままの発見物として神話的硬直性のかたちをとって横たわっていたものが、生動的なものに転化します。つぎに、あなたがわたしのテクストのうちに「葡萄酒税からの葡萄酒の魂の直接的な導出」を見いだしておられるのは、わたしには案件を取り違えているようにおもわれます。結びつけは、文献学的な凝集力のなかで正当なしかたで確定されたものであったのです。それは、ある古代の著作家の解釈のなかで起こらざるをえなかった事態と異なったものではありません。それは、詩にたいして、その特殊な重みを授与します。その特殊な重みは、ボードレールにかんしてこれまでほとんどなされてこなかった真正な読解のなかでそれが引き受けるものなのです。この詩がこの面において通用させられてはじめて、作品は解釈によって、揺さぶられるとまではいわないにしても、打撃をこうむることができるでしょう。このことは、詩一般にかんしての税の問題に結びつくことではなくて、ボードレールにとっての酔いの意義に結びついていることなのでしょう。
　もしあなたがわたしの別の仕事のことをかんがえていただけるなら、文献学者の態度の批判ということはわたしの古くからめざしていたことであって、それは根底においては神話の批判とおなじものであることがわかっていただけるでしょう。それは、『親和力』にかんする論考の用語を使わせていただくなら、真理内実がそのなかにあって歴史的に展開されていくところの事象内実を明るみに出すことをうながすのです。事態のこの面があなたにとっては後景に退いてしまっているのはわかります。でも、それとともに、いくつかの重要な解釈も後景に追いやられてしまっています。詩――「行きずりの女に」――の解釈や、散文――「群集のひと」――の解釈だけでなく、とりわけ、正しい文献学的限界のなかに維持しておくことがわたしにとってはとくに重要であった近代《モデルヌ》の概念の分析にしてもそうなのです。……

*

　ここに、方法の問題に深く触れているくだりを翻訳した二通の手紙(1)は、ベンヤミンが、ホルクハイマーとアドルノの主宰する社会研究所の協力者として、一九三八年の秋に彼らに送っていた論考「ボードレールにおける第二帝政期のパリ」についてのものである。この論考は、まだイタリア語では公刊されていないが(2)、ベンヤミンが、一九二七年から死にいたるまでとりくみながら、ついに完成させることはできないでおわってしまった、パリのパサージュにかんする仕事(Passagenarbeit)の一部として構想されたものであった。そして、ベンヤミンの言によれば、その仕事の「ミニチュア・モデル」を提供するはずのものであったという。

アドルノが手紙のなかでベンヤミンの原稿にたいして提起している異議は、一見したところでは、正しいようにみえる。それらの異議には、きわめて深刻で容易には払拭できない方法論上の留保が対応していた。このため、アドルノは一九五五年、「ヒトラーの手先からなんとか逃げのびようとしていたときに命を奪われた哲学者〔ベンヤミン〕の名前」がいまや「権威の光輪」を獲得するにいたっていたときになっても、それらの異議をほとんど同じかたちでふたたび提起することができたほどであった。『プリズメン』において公表されたヴァルター・ベンヤミンの特徴を描写した文章には、このようにある。「彼のミクロロジー的で断片的な方法は、ヘーゲルやマルクスにおいて全体性を定立している普遍的媒介という考え方を完全に自分のものになしえたことはついになかった。一度として迷うことなく、彼は直観された現実の最小の細胞でも世界の残りの部分全体に釣り合っているとする彼の原則を堅持しつづけた。現象を唯物論的に解釈することとは、彼にとっては、それらを社会的な全体にもとづいて説明することよりも、直接的に、ばらばらに切り離されたままで、物質的な傾向と社会的な闘争に関係づけることを意味していた(3)」。

これらの異議は、マルクスの思想についての、とりわけ、構造と上部構造の関係についての、正統性の裁可をみずからに要求してはばからない、ひとつの解釈に基礎を置いている。そして、この信念にもとづいて、この〔構造と上部構造の〕関係についての自分とは異なるあらゆるとらえ方は、ぞんざいにも「俗流唯物論」として片づけられてしまうのである。こうした見方のもとで、ボードレールの詩についてのベンヤミンの分析は、「葡萄酒に課される税からの葡萄酒の魂の直接的な導出」として提示される。すなわち、ベンヤミンの分析は上部構造の個々ばらばらな特徴を構造のそれに対応した特徴と直接的に因果的な関係に置いており、これはマルクス主義に貢ぎ物を支払っているような印象をあたえて、マルクス主義にとっても著者にとっても利するところがないというのである。「マルクス主義にとって利するところがなかったのは、グローバルな社会的過程をつうじての媒介が欠如しているからであり、物質的な枚挙の作業に、ほとんど迷信に近いしかたで、照明力が帰属させられているからです」。徹頭徹尾欠けているのは「媒介です。〔あなたの論考には〕全般的にいって、ボードレールのプラグマティックな内容を直接彼の時代の社会史の隣接的な諸特徴、とりわけ経済的性質の諸特徴に関連させせようとする傾向が支配しています」。

「俗流唯物論」という非難を浴びせるのに、これ以上はっきりとした言い方はむずかしかったのではないだろうか。一方、アドルノが位置している教義上の観点からは、彼の論証は完全に首尾一貫したものであるようにおもわれる。しばしば引用されるJ・ブロッホへの手紙のなかで、究極的にのみ、生産は規定的な歴史的要因であると主張しているのは、エンゲルスその人ではなかったのか。この「究極的に」が構造と上部構造とのあいだにつくり出している断裂は、アドルノによって「媒介」と「グローバルな過程」への注意喚起をつうじて埋め合わされる。これらのおかげで、「良き」思弁的理論はあらゆる「直接的な導出」にたいして守りを固めることができるのである。この「ヘーゲルやマルクスにおいて全体性を定立している普遍的媒介」こそは、アドルノの批判がマルクス主義の正統に位置するものであることの疑う余地のない保証をなしている。こうして、その批判はみずからの教義上の堅固さが確認されたのをみるのである。

　ただ、残念なことにも、この批判が差し向けられているのは、問題の論考を読んだことのある者なら知っているように、資本主義の歴史的発展過程におけるグローバルな文化的モメントのひとつをおそらくは最もみごとに分析してみせたテクストなのだ。この残念さには、かくも非の打ちどころのない教義上の土台にもとづいた批判が、みずからの定式化のために、明澄な哲学的反駁よりも悪魔祓いと教会の異端排斥の専門術語に似つかわしい用語を借りてくる必要を感じていたという事実から産み出される居心地の悪さが付け加わる。アドルノが友人のテクストに近づいていく様子は、さながら、ファウストがブロッケン山の頂で繰り広げられていた走馬燈のような「悪魔的な場面」に近づいていったのとそっくりである。ベンヤミンは、もろもろの対象のプラグマティックな内容を解釈する可能性にたいして「ほとんど悪魔的といってよい流儀で」陰謀がくわだてられるままにしておき、媒介を「唯物論的歴史の魔術的呼び出し」によって隠蔽してしまっているとして、非難されている。このような物言いは、ベンヤミンの方法がそれ自体一種の魔法であるかのように描かれている手紙のくだりにおいて、頂点に達する。「このことをなおいっそうドラスティックなふうに表現させていただくなら、あなたの仕事は魔術と実証主義の交差点に位置していると言うことができるのかもしれません。この場所は魔法をかけられています。理論だけが呪文をうちやぶることができるのです」。

およそ悪魔祓いというものはすべて悪魔祓いの対象となるものと連帯関係にあることをうかがわせるというのが真実であるなら、アドルノの批判の起点をなしている理論的基礎にたいして、いささかの疑問を呈してみることがゆるされるのではないだろうか。悪魔祓いすることが問題にされている迷信的な「照明力」というのは、ここで理論によって要求されているものと同じものではないのだろうか。また、悪魔祓い師の役割はここでは「媒介」によって展開されているのだから、それが信頼を置いている弁証法的根拠をよりくわしく検討してみる価値があるのではないだろうか。

「媒介」という語によってアドルノがなにに言及しているのかは、「もろもろの文化的性格について唯物論的規定をあたえることが可能となるのは、グローバルな過程をつうじて媒介される場合だけなのです」という彼の文言から明らかになる。この文言は、先行する告白(「ここでは、できるだけ簡単に、そしてヘーゲルふうに、見解を述べるのをゆるしてください」)と同様、アドルノがここで念頭に置いている「媒介」は、ヘーゲルが『精神現象学』の「はじめに」のつぎの一節において称賛しているものと同じであることを明らかにしている。

真理は全体である。だが、全体とはみずからの展開をつうじてみずからを完成する本質のことにほかならない。絶対者について言われるべきことは、絶対者というのは本質的には結果であるということ、終わりにいたってはじめて、それが真にそうであるところのものになる、ということである。この点にこそ、現実的なもの、主体、もしくは自己自身になることであるという、その本性がある。絶対者は本質的には結果として把握されるべきであるということは、矛盾しているようにみえるかもしれない。けれども、すこしばかり深く考えてみるだけで、この矛盾という見かけは正されるだろう。始まり、原理、あるいは初めから直截に言い表されるような絶対者は、一般的なものであるにすぎない。わたしがすべての動物と言ったからといって、この言葉は動物学に通用しうるわけではないのとおなじように、神的なもの、絶対的なもの、永遠なものなどという言葉が、そこに含まれているものを言い表していないことはただちにわかる。そのような言葉だけでは、じっさいには無媒介なものとしての直観をしか表現していないのである。そのような言葉より以上のものは、たとえそれがある命題への移行にすぎないものであっても、他のものになることを含んでおり、これは取り戻されなければならないのである。すなわち、それは媒介なのだ。ところが、まさにこの媒介が毛嫌いされているのである。まるで、媒介はなんら絶対的なものではなく、いささかも絶対的なもののなかには存在しないということ以上のものにそれが仕立てあげられることによって、絶対的認識が断念されなければならないとでもいうかのように。しかしながら、この毛嫌いは、じっさいには、媒介および絶対的認識そのものの本性について通じていないことから出てくる。なぜなら、媒介とはみずから動きつつある自己同一性にほかならないからである。もしくは、媒介とは自己自身への反照、対自的に存在している自我の契機、純粋の否定性、あるいは、それがその純粋の抽象におとしめられてしまったなら、単純な生成である。

したがって、構造と上部構造のあいだにあって良い務めを果たして唯物論を俗流化から救い出す媒介者というのは、ヘーゲル的な弁証法的歴史主義のことなのであって、それは、あらゆる媒介者がそうであるように、きっかり自分の歩合を要求して立ち現れる。この歩合は、あらゆる個々の出来事とあらゆる実践の現在的瞬間を具体的につかむことを、グローバルな過程の究極的審級への送付の名において放棄するという形態をとる。絶対者は「結果」であり、「終わりにいたってはじめて、それが真にそうであるところのものになる」のであるから、その過程のあらゆる個々的な具体的契機は「純粋の否定性」としてのみ現実的であるのであって、それを弁証法的媒介という魔法の杖が——終わりに——肯定的なものに変えるというわけである。ここから、歴史のあらゆる契機は目的にむかっての手段でしかないと主張するにいたるまで、道のりはわずかである。そして、それをひと飛びに達成しようとしたのが、一九世紀のイデオロギーを支配している進歩主義的歴史主義なのであった。このヘーゲル的な「媒介」と「グローバルな過程」の思想を真正なマルクス主義であるとして押し通すことは、ヘーゲル弁証法は「抽象的で形式的な過程」であるという、一八四四年の草稿の対位法が展開されるにあたっての定旋律をなしているマルクスの批判を瞬時にして吹き消してしまうことを意味している。それでは、なにゆえに、たしかにこの批判を知らないはずのないアドルノは、まさに構造と上部構造の関係を解釈するために「グローバルな過程をつうじての媒介」を召喚するのであろうか。この構造と上部構造の関係をマルクス自身はどこからも弁証法的関係としては構築していないというのに。理由は、ここでもまた、アドルノがいだいていた、怖れるには根拠理由があまりにも善良すぎる危険にたいして、守りを固めておこうという意志のうちに求められなければならない。マルクスは物質的土台と上部構造の関係を弁証法的関係としては提示しておらず、むしろ、一見したところでは、因果的規定の関係として考えているようにみえる。まさにそうであるからこそ、「俗流的」解釈の可能性から免れさせてくれるような弁証法的媒介者を召喚する必要があるのだ。しかし、俗流性の怖れは怖れの俗流性をうかがわせるように、俗流的解釈に陥りはしないかという疑いはそれを口にする者がなによりも自分にたいしてその疑いをいだく理由をもっているものなのだ。この種の怖れこそは、エンゲルスに——言っておかねばならないが——ファリサイ主義の傑作である有名な「究極的には」の理論をこねあげるようそそのかしているのである。彼は俗流唯物論に陥ることがないよう用心して、こう述べている。「唯物論的歴史観によれば、究極的には、歴史において規定的な要因は、現実的な生の生産と再生産なのです。これ以上のことはマルクスもわたしもけっして主張したことがありませんでした。もし今日だれかが事態を歪曲して、経済的要因が唯一の規定的事実であるというふうに主張しているとすれば、その者はこの命題を空疎で抽象的でばかげた言辞に変えてしまっているのです」[4]。しかし、もし歪曲が存在したのだとすれば、それはすでに物質的土台と上部構造の関係が原因と結果の関係として解釈された時点で生じていたことは明らかである。ひとたびこの歪曲がなされてしまったなら、みずからをみずからの俗流性から救済するためには、一方の手で俗流唯物論の案山子を振り回しながら、もう一方の手はその俗流唯物論にたいして戦うのに使うしか、ほかに方法は残っていない。

いまや勇気を奮って、この案山子は、あらゆる案山子がそうであるように、なによりもまず、それを振り回している者たちの内部に存在していると断言すべき時である。もしマルクスが構造と上部構造の関係についての理解の仕方を正確に述べる必要を感じておらず、ときとして「俗流的」として通用することも意に介していないとすれば、それはこの関係の因果的意味における解釈がマルクスの立場からは考えることすらできないからであり、それを矯正すべき弁証法的解釈など余計なものでしかないからである。じっさい、あらゆる因果的解釈は西洋的な形而上学と連携しており、現実を存在論的に区別された二つのレヴェルに分解することを前提にしている。経済的事実を形而上学の神が自己原因であって万物の原理であるのとおなじ意味において〈第一原因〉であるとみなすような唯物論は、形而上学を裏返しにしたものでしかなく、それを超克したものではないだろう。そのような存在論的分解は、実践を具体的で統一的な本源的現実であるととらえるマルクスのとらえ方を修復不可能なまでに裏切るものである。そして、俗流的解釈に対置されるべきであるのはこのような実践についてのマルクスのとらえ方であって、いわゆる「原因と結果の弁証法的なとらえ方」ではないのである。じっさいにも、実践は、弁証法的媒介によって、つぎに上部構造の形態において実定性として表象されることなど、まったく必要とはしていない。それは最初から「真にそうであるところのもの」であって、最初から完全性と具体性を所有している。もし人間が実践において「人間的なもの」として発見されるのだとすれば、それは、まずもっては生産活動を遂行したうえで、このことを超えて、つぎにこの活動を上部構造に移し換えて発展させる、すなわち、思考したり、詩を書いたりするからではない。もし人間が人間的なものであるとすれば、彼がガットゥングスヴェーゼン〔類的存在〕であるとすれば、彼が人間的なものであること、彼が類的存在であることは、彼が彼の物質的生活を生産する様式のうちに、すなわち、実践のうちに、完全なかたちで現在していなければならないのだ。マルクスは、動物と理性、自然と文化、質料と形相の形而上学的区別を廃棄して、実践においては、動物性が人間性であり、自然が文化であり、質料が形相であることを主張しようとする。もしこれが真実なら、構造と上部構造の関係は、因果的決定の関係でもなければ、弁証法的媒介の関係でもなく、直接的同一の関係でなければならない。じっさいにも、経済的構造と文化的上部構造を切り離してとらえようとするとらえ方のうちに暗々裡に含意されているファリサイ主義は、もし経済的過程が規定的原因として措定されたうえで、つぎに媒介がそれを弁証法的な恥じらいのヴェールでもって覆うのだとすれば、なんら変わることなく残りつづけることになる。このような切り離しを根本のところで撤廃する唯物論、具体的な歴史的現実のうちに構造と上部構造の総和をみるのではなくて、両者が実践において直接的に一体となっているのをみる唯物論のみが、真の唯物論なのである。

「葡萄酒税からの葡萄酒の魂の直接的な導出」は、まさにこの同一性に根拠を置いているかぎりで、可能であり、必要でもあるのだ。そのときには、構造と上部構造を直接的に関連させる「俗流唯物論」は、全然俗流的ではないことになるのではないだろうか。なぜなら、そのような直接性のなかでは、因果的関係は道理からして提唱されようもないからである。逆に、根底においては構造と上部構造の関係を原因と結果の関係であると想定しているために、この関係に意味の外観をあたえ、同時にみずからの観念論的恥じらいを救うために、「媒介」と「グローバルな過程」を必要とする考え方のほうこそは俗流的なのだ。

アドルノの「魔術的」言い回しを借りるなら、彼がスポークスマンになっている弁証法的歴史主義は、君主をカエルに変えてしまったうえで、弁証法の魔法の杖にはあらゆる可能な変容の秘密が隠されていると信じている魔女だと言うことができるのではないだろうか。しかし、史的唯物論は、じかにカエルに接吻して弁証法の呪文を破ってしまう少女なのだ。それというのも、魔女は、あらゆる君主がじっさいにはカエルであるように、あらゆるカエルは君主に姿を変えることができることを知っているのにたいして、少女のほうはそのことを知らず、彼女の接吻はカエルにおいても君主においても同一であるものに触れるからである。

これらの省察に照らしてこそ、わたしたちは、ベンヤミンの方法と、彼がアドルノへの回答のなかでその方法について提起している防衛の意味を考えてみなければならない。ベンヤミンの知的態度を特徴づけている、外見的にのみ暗号めいている意図によれば、この防衛は歴史的認識の対象が「モナド」として現れてくるような展望のもとで文献学を批判的に位置づけるという形態をとる。ここで彼がこの定式化に託している要請はなにかといえば、それは、歴史における唯物論的観点というのは、いつの場合にも構造と上部構造が区別されたものとして受けいれられたうえで、つぎに理論によってグローバルな過程の弁証法的な展望のもとで関係させられるような、芸術の(マルクス主義的)歴史、哲学の(マルクス主義的)歴史、文学の(マルクス主義的)歴史なるものを書くことのうちには存在しえない、ということである。構造と上部構造の切り離しを根本のところで撤廃して、その本源的な凝集態における実践、つまりは「モナド」としての実践を唯一の対象として立てようとする観点のみが、唯物論的であるのだ(モナドは、ライプニッツの定義においては、単純な、「つまりは部分をもたない」実体である)。この「モナド」の統一性を保証する任務は、文献学に託される。文献学の対象は、まさしく、アドルノにとって否定的判断であったものをそっくり裏返した関係にあって、あらゆるイデオロギー的前提を排除した「事実的なものの青ざめた表象」として立ち現れる。すなわち、実践の「モナド」は、なによりもまずもっては、「原文のままの発見物」、文献学者がその事実的なまったくの無垢性において構築すべき象形文字として立ち現れるのであって、そこでは、構造の要素も上部構造の要素も本源的に「神話的硬直性」において圧縮されて共存しているのである。文献学は、まえもって弁証法を用意することなく、実践のカエルに接吻する少女なのだ。しかしまた、こうして文献学がその閉ざされた事実性において蒐集したものは、歴史的な展望のもとで、ベンヤミンが文献学の止揚というように定義している操作によって構築されなければならない。けれども、この展望の消失点が見いだされるのは、「グローバルな過程」と「良き思弁的理論」ではなくて、「わたしたち自身の歴史的経験」においてである。このわたしたち自身の歴史的経験のみが、対象を活性化させ、それを文献学の神話的な硬直性から覚醒させる能力を有しているのである。

文献学と歴史とが両者のより真正な関係を見いだすこの移行については、ベンヤミンがゲーテの『親和力』にかんする論文のなかで解明している。[5] ここで、長くなるが、「事象内実」(Sachgehalt)と「真理内実」(Wahrheitsgehalt)という二つの基本概念の関係を定義している問題のくだりを報告しておくのがよいだろう。

批評は芸術作品の真理内実を、注釈はその事象内実を求める。両者の関係を規定しているのは書かれたもの一般がもつ根本法則であって、それによれば、ある作品の真理内実が重要なものになればなるほど、その事象内実との結びつきはそれだけいっそう目に見えず内的なものになる。したがって、もし自身にやどる真理を最も深く事象内実に沈潜させている作品こそは持続するものであることが明らかになるのであってみれば、そのときには、この持続する時間の経過のなかで、事象的な要素は、それが現実世界で死に絶えていけばいくほど、作品を読む者の目にいっそう明瞭になってくることとなる。こうして、事象内実と真理内実は、作品が成立したころには一体化していたのが、作品の持続とともに分離していく。それというのも、真理内実のほうはいつまでもおなじように隠れたままでいるのにたいして、事象内実のほうは明るみに姿をあらわすからである。時間が経過すればするほど、それだけいっそう、目につき奇異の感じをあたえるものの解釈、つまり事象内実の解釈が、あらゆる後世の批評家にとっては、批評の前提条件となる。批評家は、羊皮紙の文書を前にした古文書学者になぞらえることができる。その文書の色褪せたテクストは、これに関係した、より強い筆跡になる書き込みにおおわれている。古文書学者がまずはこの書き込み文字の解読から始めねばならないように、批評家は注釈から始めねばならない。そこから突然、批評家にとってあるひとつのきわめて貴重な判断規準となるものが生じてくる。それというのも、いまはじめて、そしてこのようにしてのみ、彼は、真理内実はその輝きを事象内実に負っているのか、それとも、事象内実がその生を真理内実に負っているのか、という批評の根本問題を提起することができるからである。なぜなら、事象内実と真理内実が作品のなかで分離していくことによって、この両者が作品の不滅性についての決定をくだすからである。この意味において、作品の歴史は作品の批評を準備するのであり、歴史的な距離が作品の権威を増大させるのはこのためなのである。歴史のなかで発展していく作品を炎をあげて燃える薪の山にたとえてみるなら、作品を前にした注釈者は化学者のようであり、批評家は錬金術師に似ている。化学者にとっては薪と灰だけが分析の対象であるのにたいし、錬金術師にとっては炎こそが謎を秘めている。それは生き生きとしてあるものがもつ謎である。このようにして批評家は真理を探求するのであって、その生き生きとした炎は過ぎ去ったものの重い薪と生きられたものの軽い灰の上で燃えつづけているのである。

ここに描写されている事象内実と真理内実の関係は、ベンヤミンの展望のもとにおいては構造と上部構造の関係に当たるとおもわれるもののモデルを提供してくれる。自分の前に構造と上部構造が分離して存在しているのを見て、一方を土台にして他方を(どちらが土台とされるのかは、その者が観念論者であるか唯物論者であるかによって異なる)弁証法的に説明しようとこころみる歴史家は、ベンヤミンの語っている、薪と灰しか見ない化学者にたとえることができる。これにたいして、史的唯物論者は燃えさかる炎をじっと見つづける錬金術師であって、その炎のなかでは、事象内実と真理内実がふたたび一体化するのとおなじく、構造と上部構造も一体化する。そして、事象内実と真理内実がもともとは作品のなかにあって結合していたのが時間的持続のなかでのみ分離して現れるように、構造と上部構造も、実践においては結合していたのが、作品が時間のなかで生きのびていくうちに分離するのである。そうであってみれば、記念碑や過去の残骸からわたしたちを見つめていて、それらにおいて、ほとんど寓意のように、隠れている意味へとわたしたちを送り届けているようにおもわれるものは、それを理解するためには、忍耐強い媒介の作業をつうじて、それを規定してきた歴史的構造へと還元する必要のあるイデオロギー的上部構造の残滓ではないことになる。そうではなくて、まさに正反対に、わたしたちがいま目の前にしているのは、本源的かつモナド的な歴史的構造としての実践そのものなのだ。それは歴史が自然になるなかで分割され(作品のなかで事象内実と真理内実が分離していくのとおなじように)、謎めいたことにも、自然として、生へと置き戻す必要のある化石化した風景として、提示されるのである。批評の任務は、文献学的発見物としてわたしたちの前に存在している作品の青ざめた事実性のうちに、その作品のなかに固定されている事象内実と真理内実、構造と上部構造の本源的直接的な統一性を確認するすべを知ることにある。

「構造は上部構造である」という主張は、因果的意味における決定論的テーゼでないだけでなく、述語の代わりに、否定と止揚のゆっくりとした過程が立てられなければならない、現在流通している意味での弁証法的なテーゼでもない。それはひとつの思弁的な、つまりは静止していて直接的なテーゼなのだ。これが、ベンヤミンが史的唯物論に遺産としてのこした「静止の弁証法」の意味なのであって、この「静止の弁証法」との決着を史的唯物論は遅かれ早かれつけなければならないだろうとおもわれるのである。それというのも、歴史を連続した直線的過程としての時間というとらえ方と同一視するのをやめ、したがって、弁証法は直線的時間のなかに落ちこむことなしに歴史的カテゴリーでありうるということを理解すべき時機が到来しているからである。弁証法がすでに存在している通俗的な時間概念に適合させせられなければならないのではない。そうではなくて、まさに反対に、この時間概念のほうが真にあらゆる「抽象性」から解き放たれた弁証法に適合させせられなければならないのである。

註

（1） 問題の手紙はベンヤミン書簡集の第二巻（七八二頁と七九一頁）に収められている（Walter Benjamin, *Briefe*, hrsg. und mit Anmerkungen versehen von Gershom Scholem u. Theodor W. Adorno, Frankfurt a. M., 1966）。

（2） Walter Benjamin, *Charles Baudelaire. Ein Lyriker im Zeitalter des Hochkapitalismus*, Frankfurt a. M., 1969 においてはじめて全文が公表された。

（3） Theodor W. Adorno, *Prismen. Kulturkritik und Gesellschaft*, Frankfurt a. M., 1955.

（4） F. Engels à J. Bloch (21 September 1890), in: K. Marx u. F. Engels, *Ausgewählte Briefe*, Berlin, 1953, pp. 502-504.

（5） 『ゲーテの「親和力」』は、最初、『ノイエ・ドイッチェ・バイトレーゲ』*Neue Deutsche Beiträge* 誌一九二四年四月号と一九二五年一月号に分載された。

おとぎ話と歴史

プレセペにかんする考察

プレセペ〔またはプレゼピオ。キリスト降誕の場面を表現した模型で、クリスマス(一二月二五日)の前日から御公現の祝日(一月六日)の翌日まで飾る〕について理解しようとおもえば、まずもって、それがミニチュアのかたちで体現している世界イメージはひとつの歴史的なイメージであるということを理解する必要がある。それというのも、それは魔法から目覚めて歴史に入る瞬間におけるおとぎ話の世界を正確にわたしたちに示しているからである。じっさいにも、おとぎ話は、その中心をなしていた神秘的-秘儀的経験を廃棄し、その経験を魔法に変容することによってのみ、通過儀礼から解き放たれることができたのであった。おとぎ話の被造物は通過の試練と神秘的-秘儀的な沈黙に服しているが、それを経験することはない。すなわち、その試練と沈黙を魔法としてこうむっているのである。それらから言葉を奪っているのは、魔法であって、秘められた知への参与ではないのだ。しかし、この魔法は、同時に、あくまでも神秘からみずからを解き放つ行為であるのであって、そのようなものとして、打ち破られ克服されなければならない。ファーブラ・ムータ(fabula muta)〔物言わぬ物語〕になってしまったものは(この濃密な撞着語法によって、ペトロニウスの『サテュリコン』の登場人物は、古代末期の宗教性の沈黙的態度を結晶させて、ユピテルについて「天に住む者たちのあいだではあなたは物言わぬ物語として沈黙している」と述べたのであった）、言葉を話す能力をふたたび見いださなければならないのだ。このために、人間は、魔力を授けられると、ものを言えなくなってしまうのにたいして、自然は、魔力を授けられると、おとぎ話のなかで話す能力をつかみとる。このように言葉と沈黙、歴史と自然が交換されることによって、おとぎ話はみずからが歴史において魔法から解き放たれることを予言しているのである。

プレセペはおとぎ話の世界をこの移行のメシア的瞬間においてつかまえる。このため、おとぎ話のなかでは自然の純粋の沈黙した言語から脱して話していた動物たちは、いまではものが言えなくなってしまうのである。古い伝説によれば、クリスマスの夜には動物たちは一瞬のあいだだけ話す能力を獲得するという。彼らは、永遠に自然の沈黙の言語に立ち戻ってしまうまえに最後に魔力を授けられた、おとぎ話の動物たちなのだ。牛と驢馬がキリスト降誕のイコノグラフィーのなかに入りこまされている偽マタイのくだりが述べているように、「牛は自分の持ち主を知っており、驢馬は主のまぐさ桶を知っている」。また、聖アンブロジウスは、プレセペにかんする最も古い記述のひとつである一節において、生まれたばかりの神〔イエス・キリスト〕のうるさい泣き声に自分の主人を知っている牛の静かな鳴き声を対置している。魔法がそれを異化して魂をあたえていた物が、いまでは無機物の無垢な姿に引き戻され、日ごろ使い慣れている従順な道具として人間のかたわらに収まっている。言葉を話す鵞鳥や昆虫や小鳥、金の卵を産む雌鶏、銀貨を排泄する驢馬、ひとりでに料理の用意をととのえる食卓、命令どおりに打つ棍棒、これらすべてをプレセペは魔法から解き放ってやらねばならないのだ。食べ物として、商品や道具として――つまりはそのつましい経済的な装いのもとで――、自然と無機的な物体は市場の陳列台に並べられたり、居酒屋の食卓の上に陳列されたり(おとぎ話のなかでは詐欺と犯罪のとっておきの場所である居酒屋は、ここでは安心をあたえる激励の場所としてのよそおいを取り戻している)、食料品店の天井から吊り下がっている。

*

おとぎ話の魔法が経済的機能から引き剝がしていた人間もまた、いまや、あるひとつの範例的な所作によって、経済的機能へと委ね戻される。それというのも、まさにその所作こそは、プレセペの人間的な世界をおとぎ話の世界から分かつものにほかならないからである。おとぎ話では、いっさいが法と魔術の両義的な身ぶり手まねであって、断罪しては赦免し、禁止しては許可し、魔力を授けてはそれを解いている。あるいは、長老や占星術師たちの暗い謎めいた才幹がはたらいていて、あらゆる被造物を縛る運命のきずなを裁可している(たとえ、これらすべてをおとぎ話は魔法のヴェールで覆って、判断を麻痺させてしまっているのだとしても)。これにたいして、プレセペでは、人間は彼の歴史的所作の一義性と透明性へと送り返されている。仕立屋と木こり、農夫と羊飼い、果物屋と肉屋、宿の主人と猟師、水売りと焼きグリ屋——これらはすべて、バッハオーフェンが「エーテル的」と定義した世界、そしてカフカの物語のなかで突然ふたたび掘り起こされることとなった世界の先史的な深層から、身ぶりで歴史に姿をあらわした世俗的な市場と路上の宇宙なのである。この世界の——これがおとぎ話の世界なのだが——まどろんだ、じめじめした合図は、古代ギリシアのエレウシスでおこなわれていた秘儀をつかさどっていた大神官の神秘的 - 秘儀的な所作とプレセペの歴史的な所作との媒体であるということができるのかもしれない。

それというのも、メシアの夜には、被造物の所作はいっさいの魔術的 - 法律的 - 神占的厚みを打ち壊して、単純に人間的で世俗的なものに転化するからである。ここには、もはや、神占的意味においての徴や奇蹟は存在しない。あらゆる徴は実現されてしまっているため、人間は徴から解き放たれている。このため、カルボナーラのアラマンニ・ア・サン・ジョヴァンニのプレセペにおいては、巫女たちはまぐさ桶の前で黙ったまま立っているのである。また、ナポリのプレセペにおいては、古典的腸卜占術のテラタ（térata）〔怪物〕やモーンストラ（monstra）〔怪物〕は陽気な「奇形」として登場しているのである（ジャコモ・コロンボの甲状腺を腫らした女の像や、サン・マルティーノ美術館にある無名の一八世紀人の手になる足の不自由な者たちの像のことを想起されたい）。それらはもはやなんらの未来の出来事をも指示してはおらず、被造物の世俗的な無垢さをあらわしているにすぎない。ここから——最初のころの降誕ものには秘儀めいた硬直性がみられたのとは対照的に——、リアリズムが登場するのであって、被造物たちは彼らの日常的な所作においてとらえられるのである。また、ここから、本来なら神を崇拝している場面であったはずの場面に、異教的および古キリスト教的な崇拝の場面においてかくも特徴的な、崇拝する者の図像作成法上の取り決めの早熟的な欠如といった事態が見られることにもなるのである。魔術と法の世界の代表者たち、「魔術」王たちだけは、——すくなくとも最初の時期、彼らが群衆のなかに名前を失って紛れこんでしまう以前には——崇め奉られながら描かれている。けれども、残りの者たちにかんしては、いっさいの儀礼的痕跡は消し去られて、日常的なものの経済的無垢さへと還元されてしまっている。牧者たちの側からの食べ物の提供も、供犠的意図はもっていない。それはたんに非宗教的な所作であるにすぎず、償い(piaculum)のために捧げられる儀礼的な所作ではないのだ。また、興味深いことにも、まぐさ桶のかたわらにかならず登場する——そして、救済へと目覚めることができずに、子供たちのあいだで薄明の生を続けている、おとぎ話の世界に出てくる人物を連想させる——眠っている赤ん坊も、神占的な予兆に満ちたインクバーティオ(incubatio)〔孵化〕の夢を見ているわけでもなければ、眠り姫のように、魔法の無時間的な夢を見ているわけでもなく、被造物の世俗的な夢を見ているにすぎない。ヤコブのプロト福音書におけるように(「羊たちは歩いていながら前進していなかった。……咀嚼しながら咀嚼していなかった。……羊たちを指揮していたが、羊たちは前に進んではいかなかった。……羊飼いは棒を振り上げて叩こうとするが、手は空中に止まったままであった」)、時間は止まってしまっている。しかし、それは神話とおとぎ話の永遠のなかにおいてではなく、歴史の時間にほかならない、二つの瞬間のあいだのメシア的中間期においてであるのだ(「わたしは万物がまるで宙吊りになっていて、そして、それから突然いっさいがふたたび走り出すのを見た」)。そして、一七世紀の初めに、最初の動くプレセペがつくられるときには、バロックの深くアレゴリー的な意図が、この歴史的な「歩むことなく歩む」ことの音節に合わせたつづり方を、文字どおり、羊飼いの歩調ないしは草をむしる羊の所作のリズムに合わせた反復のなかで固定することになるのである。

*

このような魔法からの世俗的解放の暗号をなしているのが、ミニチュア化である。つまりは「小さなものの救済」であって、これは(あらゆる時代における手遣い人形、糸繰り人形、そして一八世紀ヨーロッパが「イタリアのちっぽけな欲求(petites besognes d'Italie)」と呼んでいたビブロ(bibelots)〔飾り棚などに置く置物〕にたいする趣味が証明しているように)たしかにイタリアの文化的相貌に範疇的な特徴でもって引っ掻き傷をつけているものの、すでに古代末期の世界において、記念碑的なものに硬化してしまった世界が歴史的覚醒の希望を託した第二旋律でもあるかのようにして作動しているのを見ることができるのである。アーロイス・リーグル〔一八五八―一九〇五年。オーストリアの美術史家〕が〔『ローマ後期の美術工芸』一九〇一年において〕ローマ末期のミニチュア、モザイク、象牙細工のうちに範例的なしかたで存在しているのを確認している――そして、もろもろの立像の軸的な孤立化、空間からの解放、あらゆる事物の「魔術的」結合というようにまとめあげている――のとおなじ性格が、そっくりそのまま、プレセペにも見いだされる。それはさながら、「細密画家」「彩色職人」「奇術師」（このように研究者たちはウィーンにある創世記の印象深いミニチュアの三人の無名の作家たちを名づけてきた。それらのミニチュアは、それらの物言わぬ占星術的‐おとぎ話的な顔面のなかでかくも化石化してしまっているのだ）がフランチェスコ・チェレブラーノ、アニエッロ・インガルディとニコラ・インガルディ、ジャコモ・サンマリーノ、ロレンゾ・モスカ、フランチェスコ・ガッロ、トンマーゾ・シェッティーノ〔いずれも、一八世紀から一九世紀初めにかけてナポリで活躍したプレセペ職人〕、そして今日もなおナポリの生き残った店で働いている名も無き装飾用小立像の職人たちの手を奇跡的に導いているかのようである。しかし、立像たちのあいだの魔術的な結びつきは、ここでは完全に歴史的な結びつきに還元されてしまっている。それというのも、たしかに、プレセペの像はいずれも、それぞれが独立の全体をなしていて、なんらかの造形的ないしは空間的なきづなによって他のものたちに結びつけられてはおらず、たんにたまたま偶然にそれらに接近させられているにすぎない。それでもなお、プレセペの像はすべて例外なく、メシア的救済の出来事への参加という目に見えない接着剤によって結びつけられて、ひとつのまとまりのある組織をなしてはいるのである。サン・

マルティーノ美術館にあるクチニエッロ(cuciniello)のように、構成的探求への志向がきわめて強くはたらいているようにみえるプレセペでさえも、内実は寄せ集めであり(それというのも、それらの本質をなしているのは、無限に分枝しつつ増殖しながら広まっていく可能性であるからである)、それと同時に、空間的なものでもなければ物質的なものでもなく、歴史的な性質の絶対的統一性を保持しているのである。

神話的な出来事でもなければ、いわんや時空間のなかで起きること(つまりはクロノロジー的な出来事)でもなくて、カイロロジー的な出来事が、プレセペの造形的意図の中心にあるのだ。要するに、それは、本質においては、メシア的誕生をつうじて世界に生じる歴史性を表象したものなのである。このため、立像やエピソードが陽気に際限なく増殖していくなかで、もともとの秘蹟的場面がほとんど忘れ去られてしまって、目がそれを見つけだそうと躍起になっているような状況のもとでは、聖なるものと世俗的なものとのいっさいの区別は失われ、両者は歴史において合致する。いまやタガを嵌められて、ヘイマルメネー(heimarmēnē)〔運命として受けいれたもの〕の硬直した法則――それらの法則は、わたしたちの時代が否応なく「進歩」へと突き進まされ、「進歩」に引き寄せられていると、快活な恐怖とともに感じている法則とさほど変わらない――のもとで凍てついてしまった世界の記念碑的なものに、プレセペはいわば生誕のさなかにある歴史のがらくたを対置する。そこでは、いっさいは木っ端であり、ばらばらな破片である。が、どの断片も、直接的かつ歴史的に完璧なかたちをなしているのである。

このため、まさにプレセペがいまや身近なしきたりから脱落しようとしており、それを——生き残るに値するものの永遠の守護者として——これまで遊戯やおとぎ話といっしょに守りつづけてきた子供たちにすら語りかけることをやめてしまったようにみえる今日、ナポリの最後の装飾用小立像職人たちの手になる不細工な造りものは、ほかでもないわたしたち、歴史の世紀のこの摩耗しきったフリンジの最後の市民へと差し向けられたメッセージをつぶやいているようにおもわれる。それというのも、スパッカナポリの無名の生き残りたちの作品において最も顕著な特徴は、人間の描き方——そこでは、人間の輪郭は夢のなかで消し去られてしまっているかのようであり、その所作は不明瞭かつ不正確である——を、赤紫色をして小礼拝堂のなかや売店の棚の上に篭や秤や刃物や陶器の食器類といっしょに陳列されているトマト、ナス、キャベツ、カボチャ、ニンジン、メバル、イセエビ、タコ、ムール貝、レモンの描き方を導いている恍惚として愛情に満ちた細心さから区別している、際限のない裂け目であるからである。この裂け目のなかに、わたしたちは、自然が新たにおとぎ話のなかに入りこもうとしており、新たにそれが歴史に言葉を要求しているのにたいして、その一方で、人間のほうは、まさしく、彼にとってふたたび定かでない運命の特徴を帯びはじめた歴史によって幻惑されて、魔法のなかで物言わぬ存在になっていることの兆しを見るべきなのであろうか。ある夜、薄暗がりのなかで新しいプレセペがいまだ知られざる像と色に点火するなかで、自然がふたたびその沈黙の言語のなかに閉じこもり、おとぎ話が歴史へと目覚め、人間が神秘の封印を解かれて言葉へと立ちあらわれるにいたるまでは。

ある雑誌のための綱領

〔この「綱領」は、アガンベンが一九七四年から七六年にかけて作家のイタロ・カルヴィーノと批評家・編集者のクラウディオ・ルガフィオーリと共同で出すことを計画していた雑誌のために用意されたものであるという。しかし、計画は結局実現を見ないままにおわってしまった。一九九六年に出版された詩論『イタリア的カテゴリー』の「序文」を参照されたい〕

ここに綱領を提出する雑誌が権威を要求するのは、みずからの置かれている状況について厳密に自覚しているかぎりにおいてのことである。そのような自覚を堅持しているかぎりでのみ、それはなんらの尊大さもなく、——「新聞が語っていること」とは異なったあらゆる現実性の基準を見失ってしまった時代において、しかも、「新聞が語っていること」がもはや現実となんの関係もなくなってしまっているというのに、まさしくそうであるような時代において——みずからの現実性の基準をみずからのうちに見いだすことを要求しうるのである。じっさいにも、それが位置しようとめざしているさいにとっている観点はあまりにも根本的かつ独創的に歴史的なものであるので、それはどのようなクロノロジカルな見方をも容易に放棄してしまうことができるのであり、それどころか、文献史学の「破壊」をみずからの任務のなかに算入することができるのである。すなわち、それが生の住処として選択する場所は、連続性でも新しい始まりでもなく、中断であり、隔差ないしはずれ(scarto)なのだ。そして、このずれを本源的な歴史的出来事として経験することこそが、まさにその現実性の基礎をなしているのである。

ここで問題にされているずれは、近代西洋文化において、時間をかけて生み出されてきた、文化的遺産とその伝達、真理と伝達可能性、聖書と権威のあいだのずれである。このずれについて自覚していた時代からわたしたちの文化はかくも遠く離れてしまったため、それを定式化することすら、他の文化から借用したカテゴリーに頼ることなしには、いくつかのほとんど乗りこえがたい困難を呈している。このことをさらに正確に考慮するためには、ハラハー〈掟〉自体、すなわち、あらゆる神話的実質から分離された真理)とハッガダー(すなわち、情動的実質、「伝達可能性」のもとに置かれた真理)というタルムードのカテゴリー、文字のかたちをとった〈掟〉とその精神的意味を指示するシャリーアとハキーカというアラビア語のカテゴリーを利用するか、あるいは、両者の本源的統一と時間の経過のなかでの分離がベンヤミンによれば芸術作品の本質と歴史性を特徴づけているという、「事象内実」と「真理内実」という二つのカテゴリーに頼るほかないのである。

これらの用語をもちいていうなら、西洋文化の特性は、そこにおいては、ハラハーとハッガダー、シャリーアとハキーカ、事象内実と真理内実とのあいだに修復不可能な断絶が生み出されてしまっていると述べることによって、表現することができるかもしれない。すくなくとも、聖書の四つの意味にかんする中世の理論(この理論は、あるひとつのテクストについての四つの継起的かつ区別された解釈という、根拠のない実践とはなんの関係もない。それはむしろ、聖書自体の内部にあっての事象内実と真理内実とのあいだの生きた関係のうちに、座を占めている)が崩壊してからは、これらの用語のあいだの連結は不可能になってしまったのであった(このことは、とりわけ、創造的な形式としての注釈と註解の喪失となってあらわれている)。こうして、真理は存在するが、それを伝達する可能性は存在しない。また、伝達の手段は存在するが、それらはなにひとつ伝達することもなければ、なにひとつ教えることもないのである。

このようにして結合が本質的に失われてしまっているという事態は、事あるごとにわたしたちの文化において反復されており、古いものと新しいもの、過去と現在、古代人と近代人の対立となってあらわれている。この古代人と近代人の優劣論争が今日見ることをさまたげているものは、古いものも新しいものも、厳密には接近不可能になってしまったということである。それというのも、わたしたちの時代がただたんに伝統的価値の忘却と過去の問題視によって特徴づけられているというのは真実ではないのであって、逆に、わたしたちの時代ほどみずからの過去に取り憑かれ、それとの生き生きとした関係を見いだしえなくなってしまっている時代は、おそらくなかったからである。かくも深くハラハーを記憶していながら、それにハッガダー的内実をあたえることにはかくも不適格な時代は、かつてなかったのである。異化とレディメイド、曲解と引用は、わたしたちの世紀において、この関係を再建しようとする最後のこころみであった(アヴァンギャルドは、それが自覚的なものである場合には、未来へと向かうものであったことはけっしてなく、過去との関係を見いだし直そうとする極端な努力なのだ)。それらが崩壊してしまったことは、現在のほうはアルカイックな顔面へと石化してしまって、つねにすでに廃墟でしかなく、過去のほうは、その疎外された近代的な仮面のもとにあって、もはや現在のモニュメントでしかないような時代の始まりを画している。

このような結合の欠如、このようなずれを、わたしたちの雑誌はそれが本来そこにおいて活動すべき場所として要求する。なぜなら、わたしたちが描写してきた現象はたしかに総体としての西洋文化にかかわるものではあるが、しかしまた、それが最大限の拡がりを見せるにいたっているのは、イタリア文化においてであるからである。イタリア文化がヨーロッパの他の文化にくらべて特別に有しているものがあるとすれば、イタリア文化の場合には、本来の流動性へと引き戻されるべき硬化した伝統なるものが端的にいって存在せず、ここでは最初から文化的遺産はその伝達に結びついてはおらず、ハラハーはみずからのハッガダーを見いだしてこなかったというのが、それである。ひいては、雑誌がそこに位置しようとおもっているずれは、イタリア文化にとっては、本源的な出来事であるのであって、それはいまだに到来することをやめてしまってはいないのである。ここでは、なにも尽き果ててはいない。なぜなら、なにもまだ始まってはいないからである。ここでは、始まりは存在しない。なぜなら、すべては終わりから始まるからである。その結果、この文化においては、すべての伝統は虚偽の伝統であり、すべての権威は嘘で塗り固められている。が、同様に直接的に、新しいものへのあらゆる訴えかけは過去に立ち戻ってしまい、すべての脱神秘化行為はそれ自体が神秘化をもたらす。ここから、イタリアにおけるすべての知的立場の特別の脆弱性が出てくる。どうやら連中はいつも、お払い箱にされてはしまわないかと戦々恐々としているようなのだ。ここからはまた、なんらかの生きている伝統にたいして正統性を主張しえないことを自覚した者の強さが出てくる。その者はすでに人生の落伍者であり、すでにお払い箱になってしまっている。しかし、落伍者として、時流を怖れてはおらず、いくつかのシグナルを送ることすらできるのだ。

したがって、その状況が雑誌に課している任務は、たんに伝統の「破壊」では――それも必要ではあるが――ありえない。そうではなくて、それはむしろ「破壊の破壊」と定義しうるようなものであって、わたしたちの文化の本来的な性格を構成している、伝達可能性の破壊が、弁証法的に意識にもたらされうるようなものでなくてはならないのである。そして、そのような「破壊の破壊」のなかでのみ、炎に包まれた家のなかでもともとの建築プランが可視的なものとなるのとおなじように、イタリア文化の範疇的な構造が可視的なものとなりうるのである。喜劇の選択と、悲劇の拒否、建築的要素の支配と、「曖昧模糊としたもの」としてしかつかまえることのできない美を前にしての、かくも無防備な感受性、〈法・掟〉の優位と、人間の無垢さについての被造物的なとらえ方、魔法にかかった罪の世界としてのおとぎ話への早熟な注目と、プレセペの「歴史的」ミニチュアにおけるこの世界からのキリスト教的救済、「言葉」としての人間的な生というとらえ方とならんでの、歴史叙述への関心――これらは、イタリア的現象がその二律背反的緊張に支えられて展開されている範疇のうちのいくつかであるにすぎない。

＊

ここから、狭隘でアカデミックな観念の強要する限界をうち破った文献学にたいして雑誌がとる特別の立場が出てくる。じっさいにも、そのような文献学こそは、その「破壊の破壊」の機関《オルガノン》を構成すべきものなのである。わたしたちの文化は、伝達および精神的解釈のための特別のカテゴリーを手にしていない。そのようなわたしたちの文化においては、文化的伝統の純粋さと連続性を保証する任務は、最初からずっと文献学にゆだねられてきた。このため、文献学の本質と歴史を認識することがあらゆる文学的教育の予備的条件とならざるをえないだろう。しかしまた、まさしく、そのような認識は文献学者たちのあいだにおいてすら見いだすことは困難なのだ。それどころか、ほかでもない文献学にかんしては、総じて、混乱と無関心が支配している。たとえば、もろもろの文学的および芸術的な前衛は、うたがいもなく文献学の一形態であるのに——これは、それらの方法を表面的にでも分析してみれば、容易に証明することができることである——、芸術と文学の歴史のなかに分類されており、その一方で、うたがいもなく詩的創作であるもろもろの研究が、文献学的な人間科学のなかに組み入れられている。それでも、まさに西洋文化は、かつてその例を見ないような、厳密な科学としての文献学を生み出してきたのであった。そして、この科学が新たに誕生するたびに、詩人たちは文献学者になる必要があるとかんじてきたのだから〔ヘレニズムの時代にはフィレータス〔前三四〇―前二八〇年頃。ギリシアの詩人・文献学者〕とカリマコス〔前三一五頃―前二四〇年頃。ギリシアの詩人・文献学者〕が、初期人文主義の時代にはペトラルカとポリツィアーノが、ロマン主義の時代にはフリードリヒ・シュレーゲルがそうであった〕、そこには、十分な問いにふされてよいと期待されるものがなおも存在しているはずである。最初から、たんにテクストの物質的な伝達に配慮するにとどまらず、訂正（emendatio）と推測（coniectura）をみずからの果たすべき特殊な任務として要求してきたかぎりで、文献学はハラハーとハッガダー、真理と伝達、事象内実と真理内実のあいだにあって特別の位置を占めていることを示している。いくつかの偽作品を生み出してきた著名な文献学者たちのケースは、通常は逸脱した現象として当惑げな沈黙とともに覆い隠されてしまっているが、文献学の本質を特徴づけている独自の権利要求をうかがわせてくれる。

じっさい、伝達すべきものと伝達の行為、書かれたものと権威のあいだのずれを廃止するということこそは、最初から文献学の任務であるのだ。そして、このような廃止を遂行しているというのが、そもそもの初めから神話の本質的性格であるとみなされてきたのだから、文献学はこの見方のもとでは「批判的神話学」と定義することができるのである。シェリングが現代において詩と科学の再統合を媒介する任務を託し、そのために「ただひとりの詩人の考案物ではなく、ひとつの世代の発明であるような神話学が生じてくれることを」求めた「新しい神話学」、近代の詩人たちが、ブレイクからリルケにいたるまで、ノヴァーリスからイェイツにいたるまで、実現しようと空しい努力を重ねてきた新しい神話学は、すでに存在しているのである。みずからの任務を自覚した文献学がそれである（ここで文献学というのは、今日いささか不適当にも「人間科学」と称されているすべての批判的‐文献学的学科のことを指している）。

ベンヤミンが文献学的方法の特徴として認めていた「事実的なものの青ざめた表象」と個別的なものへの「魔術的」献身も、アンジェロ・ポリツィアーノ〔一四五四―一四九四年〕の『ラミア』〔『雑纂』一四八四年所収〕という近代文献学の宣言書のなかで出会うフィロミュトス（philomythos）〔神話の愛好者〕およびファベッラエ・ストゥディオスス（fabellae studiosus）〔言葉の研究者〕としての文献学者という定義も、批判的‐文献学的諸学科と神話学とのあいだのこの明るみに出す必要がある親戚関係を証言している。文献学は、本質的にも歴史的にも、神話学の止揚なのであり、それはつねに「事物にもとづいた語り」（fabulari ex re）なのである。しかしまた、文献学の発掘物のおびている「神話的硬直性」には批判的に魂が吹き込まれなければならず、その対象は消点がわたしたち自身の歴史的経験において収斂するような展望のもとで構築されなければならない。このような文献学の止揚をこそ、雑誌は「批判的神話学」として文献学が残す余地なく詩と同一視されるような観点から実現しようと提案しているのである。文献学者のなかに「詩人、歴史家、雄弁家、文法家」も含めたヴィーコ的な受けとめ方を取りあげなおしていうなら、雑誌が堅持しようとしているプラグマティックな諸原則のひとつは、批判的‐文献学的諸学科と詩とを厳密に同一の次元において考えるというものであろう。詩と文献学、すなわち、文献学としての詩であると同時に詩としての文献学。いうまでもなく、詩人たちに文献学の仕事をするよう促そうとか、文献学者たちに詩を書くよう促そうというのではない。そうではなくて、両者にたいして、西洋文化において詩と哲学を分けている言葉の断裂が除去すべき障害ではなくて、意識的かつ問題的な経験に転化するような場所に身を置かせようというのである。わたしたちが思い浮かべているのは、はっきりとしたカテゴリーのなかに分類するのがかくも困難なベンヤミンやポリツィアーノ、カリマコスやヴァレリーのような著作家たちだけではない。文化的に位置している状況は異なりながらも、真理と伝達可能性のあいだのずれをもって自分たちの中心的な経験としてきたダンテと『ゾーハル』〔中世に編まれたユダヤ神秘主義の著作〕の著者、ヘルダーリンとカフカのような詩人たちのこともまた、思い浮かべているのである。そして、おなじ展望のもとで、すぐれて批判的 - 詩的な行為であるとみなされた翻訳には、格別の注意が払われることになるだろう。

こうして、「インターディシプリナリーなディシプリン〔学科横断的な学科〕」のプロジェクトが形式と内容を獲得することが可能となるだろう。そこには詩とともにすべての人間科学が収斂しており、それの目標は多くの分野から来たるべき世代の文化的任務として告知されている「人間的なものの一般科学」の実現にある。詩との同一性のなかにあって、見てきたような意味において、新しい批判的な神話学（すなわち、掟と運命の力への隷属から解放され、歴史へととりもどされた神話学）でもあるような、そのようないまだ名前のない科学こそは、雑誌がみずからの限界のうちにあって準備しようとしているものなのだ。

*

みずからの任務についての同様のとらえ方のなかには、雑誌は批評にその地位と力を取り戻してやらねばならないということが含まれている。このような批評の地位と力が特権的にさずけられているからこそ、雑誌は政治とのみずからの関係をあえて陳述するまでもないのである。詩と政治とが本来たがいに結びついたものであることは――このことは、わたしたちの文化においては、そもそもの初めから、音楽についてのアリストテレスの論述が『政治学』のなかでなされており、詩と芸術についての主題的な場所がプラトンによって『国家』のなかで立てられているという事実において認可されている――、雑誌にとっては、議論するまでもないことなのだ。問題は、詩が政治にとって有意義なものであるかいなかということではなくて、政治がなおも詩との本源的な結びつきの高みにあるかどうかということなのである。もし政治にその本来の次元をとりもどそうというのであれば、批評はまずもってイデオロギーと対立する場所に立たねばならない。イデオロギーは、この結びつきが解消したところに座を占めているのである。現代において、いたるところで、得体の定かでない明瞭さでもって、諸問題への接近をさまたげている「虚偽意識」は、それが開いたままにしておこうとこころみている深淵そのもののなかに墜落させてしまわなければならないのだ。

さらに、雑誌の「文献学」的プロジェクトのなかには、近代歴史主義を支配してきた歴史についてのとらえ方が修正にふされなければならないということが含まれている。いまや、歴史を直線的で無限の連続した過程としての時間という通俗的な時間概念と同一視することをやめ、ひいては、歴史の諸カテゴリーと時間の諸カテゴリーとはかならずしもおなじではないという事実を自覚すべき時がやって来ている。歴史と時間の関係についての新しい位置づけ、つまりはまずもって、歴史と時間の新しい、より本源的な経験に到達するということは、任務ではなく、雑誌が提起しているもろもろの任務の予備的前提条件である。歴史主義がそれらを使ってたんなるクロノロジーに還元してしまった歴史のなかにキリスト教的な「救済史」をふたたび導入し、歴史が意味をもつかのような見かけをかもし出そうと努力している過程、発展、進歩といった諸概念は、批判的に解体されなければならない。通俗的歴史主義の空虚な、連続した、量化された、無限の時間に、具体的な人間的経験の充実した、破砕された、不可分割の、完成された時間が対置されなければならない。偽りの歴史のクロノロジー的な時間に、真正な歴史のカイロロジー的な時間が対置されなければならない。時間のなかにみずからの姿を消してしまった弁証法の「グローバルな過程」に、静止した弁証法の中断と直接性が対置されなければならない。ディルタイによって、人間科学の批判的基礎づけという展望のもとで着手された、歴史的理性の批判は、歴史を放棄するためでなく、歴史についてのより本源的なとらえ方に接近するために、完遂させなければならない。「近代の人間、すなわち、ルネサンス以後の人間は、いままさに埋葬されようとしている」というヨルク伯の主張は、「終わりの世界の時代が始まる」というヴァレリーの主張でもって補完されなければならない。こうして、文献学の止揚は新しい歴史の経験へと移行していくのであり、雑誌がみずから位置している場所はそれのとる方法と符合するのである。

歴史的 - 文献学的後記

クロノロジーから独立したものであると同時に、神話をその元型的孤立化から解き放ったものでもあるような歴史のとらえ方のモデルが探し求められるべきであるのは、歴史学においてではなく、文献学においてである。

じっさい、もろもろの歴史的言語の個々的な形態の文献学的比較をつうじて復元されるインド=ヨーロッパ的形態(たとえば、*deiwos, *ar-, *wegh^{w}, *med)とは、どのようなものであるのか。歴史的には検証されず、このようにして比較によって復元される言語の状態とは、なんであるのか。ここであらわになるのは、うたがいもなく——神話におけるのと同様——、起源の生産である。が、この起源は適当なときに分離されて生じた元型的な出来事ではなくて、それ自体なにか本質的に歴史的なものである。しかしまた、その「歴史性」は、もっぱら通時的な意味において、クロノロジー的にみて言語の最も古い段階であるかのように理解してはならない。「限定された照応体系」として、それはもろもろの歴史的言語のなかに現在し作動しているひとつの傾向をあらわしているのである。それは起源である。しかし、通時的に過去のなかへと退けられてしまうような起源ではなくて、体系の共時的一貫性を保証する起源なのだ。すなわち、それは純粋に通時的なしかたで記述されうるようなものでもなければ、もっぱら共時的なしかたで記述されうるようなものでもなく、通時態と共時態のあいだのずれと差異としてのみ考えられうるものなのである。わたしたちはこのずれを伝統的クロノロジーの点的な連続した瞬間から区別して、歴史的アルケー(archê)〔原型〕というように定義することができるだろう。そのような「共時的歴史性」の正当性は、すくなくとも、ヤーコブソン〔一八九六—一九八二年〕の『歴史的音韻論の諸原理』を嚆矢として、科学的に基礎づけられている。ヤーコブソンの同書は、卓越して静態的で共時的とみなされてきた諸カテゴリーに歴史性と目的論を導入し、記述的言語学と歴史的言語学を媒介することのできるような言語の考察への道を拓いてきたのだった。構造と歴史とを対立させるのは、この観点からは不十分なものであることが明らかになる。アルケーとして、インド＝ヨーロッパ的諸形態は、本来的には構造的でも歴史的でもなく、共時的でも通時的でもないのである。

構造主義的テーゼに論駁をくわえて、ジョルジュ・デュメジル〔一八九八—一九八六年〕はみずからの比較神話学の対象をつぎのようなかたちで特徴づけたことがある。「わたしの努力は哲学者の努力ではない。そうではなくて、歴史家の努力であろうとしている。太古の歴史、ひとがそこに到達すべく合理的に努力することのできるような超歴史のフリンジの歴史家の努力であろうとしているのである」。しかし、この「超歴史のフリンジ」とは、わたしたちがいま述べた意味でのアルケーでなくて、なんであろうか。なぜなら、たしかに、それは、みずからの本源的な文書を生み出すような歴史学的探求のモーンストルム(monstrum)〔怪物〕を正当化しようとおもうのでないかぎり、クロノロジー的に生じたと想定できるような諸事件のなかに完全に解消してしまうことはできないだろうからである。ここで「超歴史」と定義されているものは、なおも到来することをやめていない何ものかなのであり、まさに神話的体系におけるのとおなじように、歴史の理解可能性とその共時的一貫性を保証している何ものかなのである。この観点からは、インド＝ヨーロッパ的な「言葉」は、神話的な「名」の等価物である。それらは、原因ではなくて、起源なのだ。

「批判的神話学」としての文献学について語ることができるのは、この意味においてである。わたしたちが神話に接近するのをさまたげている文献学こそは、神話との真正な、すなわち自由な関係を再構築することを可能にしてくれるのである。じっさいにも、文献学は神話をその元型的硬直性とその孤立から目覚めさせ、それを歴史に引き戻す。文献学自身が批判的に生み出した起源は、いっさいの儀礼的性格およびいっさいの運命への隷属から解き放たれている。文献学と神話との関係は、幼児期が人類の神話的過去とのあいだに取り結んでいる関係を想起させる。幼児が遊戯とおとぎ話のなかで儀礼的なものへの隷属から解き放たれた神話的世界を守護しており、たとえば、神占的実践をさいころ遊びに変え、鳥占いの道具を独楽遊びに変え、豊穣の儀礼を輪遊戯に変えているように、文献学は神話に登場する「名」を「言葉」に変え、同時に、歴史をクロノロジーと機械論的な図式から救済するのである。運命の硬直した言語的拘束を表現していたものが、ここでは歴史の言語的実体に転化する。インド゠ヨーロッパ語の語彙集のかたちで文献学が西洋文化に新しい幼児期として遺贈してきた批判的神話学は、いまや、詩の手中に移っていかねばならない。

解説――アガンベン読解のための第三の扉

上村忠男

ジョルジョ・アガンベンといえば、日本では、とりわけミシェル・フーコーのいわゆる「生政治」ないしは「生権力」に照準を合わせつつ主権の危機について論じた政治哲学的な方面の仕事によって、広く知られてきた。『到来する共同体』(一九九〇年)を嚆矢に、『目的のない手段――政治にかんするノート』(フランス語版一九九五年、イタリア語版一九九六年。邦訳、高桑和己訳『人権の彼方に』、以文社、二〇〇〇年)をはさんで、「ホモ・サケル」三部作――『ホモ・サケル――主権的権力と剥き出しの生』(一九九五年。邦訳、高桑和己訳、以文社、二〇〇三年)、『アウシュヴィッツの残りのもの――アルシーヴと証人』(一九九八年。邦訳、上村忠男・廣石正和訳、月曜社、二〇〇一年)、『例外状態』(二〇〇三年。邦訳、上村忠男・中村勝己訳、未來社、近刊予定)――となって展開されつつある仕事がそれである。

しかし、アガンベンが一九七四―七五年ロンドンのウォーバーグ研究所に留学中に準備した『スタンツァ――西欧文化における言葉とファンタスマ』(一九七七年)の日本語版(『スタンツェ――西洋文化における言葉とイメージ』ありな書房、一九九八年)の翻訳者である美術史家の岡田温司さんも、アガンベン二八歳のときの処女作『中味のない人間』(一九七〇年)の日本語版(岡田温司・岡部宗吉・多賀健太郎訳、人文書院、二〇〇二年)に付されている解説「アガンベンへのもうひとつの扉」のなかで読者の注意を喚起しているように、アガンベンの仕事の出発点をなしているのは、むしろ美学ないしは詩学をめぐる理論的かつ歴史的な考察であった。

もっとも、アガンベンにおいては、美学ないしは詩学をめぐる考察は、それ自体、当初から政治哲学的な問題圏と密接に関連したところで展開されていたことも見落とされてはならない。

たとえば、処女作のタイトルにもなっている「中味のない人間」というのは、具体的には現代の芸術家のことを指している。その処女作においてアガンベンが診断しているところによれば、「いまや芸術家は、自分が生み出した作品の素材についても形式についても白紙状態となり、いかなる内容も彼自身の内なる意識とはただちに同一化するものではないことをあらわにしている」という。いいかえれば、「芸術家はどこまでも自己の本質に届く以前のところにとどまっている」というのだ。なぜなら、「芸術家はいまや決定的に自己の内容を失い、いわばいつも固有の現実の傍らにいるよう強いられている」からである。要するに、現代の芸術家というのは「中味のない人間」なのであって、「彼は、いつもつねに表現の無のうえに顕現すること以外にはアイデンティティをもたないし、自分自身に到達する以前のところでこのように不可解な姿勢をとっていること以外には実質をもたない」のである。

しかしながら、そうであってみればどうだろう。おなじく岡田さんの注意喚起にもあるように、現代の芸術家が体現している「中味のない人間」というのは、やがて一九九〇年の政治哲学的マニフェスト『到来する共同体』において呈示されることになる、およそいっさいのアイデンティティ、すなわち国家・民族・階級などへの帰属を拒絶する「主体なき主体」のモデルを予示したものとみることができるのではないだろうか。

ただ、初期の著作のなかでは、——アガンベンが一九六五年、ローマ大学に提出した卒業論文こそ、シモーヌ・ヴェイユの政治思想にかんするものであったとはいえ——政治哲学的なモティーフはなおも潜在的なものにとどまっていたことも事実である。それが著者の意識のなかで顕在化するにあたっては、ひとつの契機が必要であった。その契機とは、人間における言語活動(linguaggio)の存在理由をめぐっての問いにほかならない。「言語活動が存在する」とはどういうことなのか、「わたしが語る存在である」とはどういうことなのか、ということが主題的に問われる必要があったのだ。この問いをかいくぐることによってはじめて、政治哲学的なモティーフは著者の意識のなかで顕在化することが可能になったのではないか、とかんがえられるのである。このたび、ここに二〇〇一年増補版の日本語訳を刊行する運びとなった『インファンティアと歴史——経験の破壊と歴史の起源』(初版は一九七八年)から『言語活動と死——否定性の場所にかんする演習』(一九八二年)にいたる過程で集中的にとりくまれる作業がそれである。

本書の序に配されている「言語活動の経験」と題された文章を見てみよう。もともと本書のフランス語版(一九八九年)のために書かれたものであるが、そこでは、『インファンティアと歴史』

から『言語活動と死』にいたるまでの期間に温められていた計画に、『人間の声』ないしは『エチカ、あるいは声について』という作品を書く計画のあったことがうち明けられるとともに、その計画の根底には、動物のなかで唯一人間にのみ認められる音声と言語活動のあいだの差異こそがエチカおよびポリスに固有の空間を開示する、という想定のあったことが語られている。これは、言語活動の存在理由をめぐっての問いをそれとして設定しえたことが政治哲学の道へと分け入っていくための不可欠の回路となったことの、著者自身によるひとつの裏づけ証言と受けとってよいだろう。

しかしまた、『インファンティアと歴史』に限っていえば、主題は美学でも政治哲学でもなくて歴史である。

アガンベンは、ローマ大学卒業後の一九六六年と六八年の二度にわたって、マルティン・ハイデガーがル・トールでおこなっていたヘラクレイトスとヘーゲルにかんする演習に参加している。またアガンベンは若いころからヴァルター・ベンヤミンに親炙していたようで、『インファンティアと歴史』の初版がエイナウディ出版社から出版された一九七八年には、おなじくエイナウディ出版社から刊行されることになった「ヴァルター・ベンヤミン全集」イタリア語版の監修の仕事も引き受けている。そのハイデガーとベンヤミンからの影響の跡を色濃くうかがわせつつ、『インファンティアと歴史』では、「歴史が存在するとはどういうことなのか」、あるいはまた

「なにゆえに人間は歴史的存在であらざるをえないのか」といった、歴史の超越論的根拠をめぐっての哲学的な問いかけが、主題的に追求されている。

この意味において、わたしは『インファンティアと歴史』をアガンベン読解のための第三の扉と位置づけたいとおもう。

ちなみに、本書では表題を『幼児期と歴史』としたが、訳者あとがきでもことわったように、それはあくまで便宜上のことであって、アガンベンは原著表題にある infanzia を「言葉を語らない状態」ないしは「言語活動をもたない状態」という意味で使用しており、その含意するところは「幼児期」よりも広い。


それにしても、この第三の扉を開くことによって、そこからはアガンベンの思索のどのような特徴が具体的に見えてくるのだろうか。

収録されている論考のひとつひとつについて少しばかり立ちいって紹介しながら見ていくとして、歴史の超越論的根拠をめぐっての哲学的な問いかけを全体的な主題としながら、まずもって本論の冒頭に配されている著作表題とおなじタイトルの論考「インファンティアと歴史」においては、経験の問題が論じられている。

出発点に据えられているのは、いまやわたしたち現代人のもとでは経験は剝奪され破壊されてしまったという事実の確認である。この事実の確認から出発して、まずは経験が剝奪され破壊されてしまった経緯と原因が近代科学の起点にまでさかのぼったところからたどりなおされる。そして、追尋の結果、到来する人類のための新しい経験の理論を探りあてるためには人間における言語活動の存在理由をあらためて問いなおすことが不可欠であるとの結論が導きだされるとともに、その存在理由を人間における「インファンティア」、つまりは「いまだ言語活動をもたない状態」との関連性において問うことがこころみられている。

ここで特記されるのは、なによりもわたしたち人間が人間であることと言語活動をもった存在であることとのあいだには断裂があり、わたしたちが言語活動をもった存在になるためにはインファンティアの境位をかいくぐらざるをえないことに着目されるとともに、この事実のうちに歴史の起源を見さだめようとされていることだろう。

インファンティアは、言語活動のうちにラングとディスクールないしはパロールの分裂をうち立てるということに読者の注意を喚起しつつ、アガンベンはいう。この分裂、この差異のうちにこそ、人間存在の歴史性はその基礎を見いだすのである、と。アガンベンによれば、人間にはインファンティアが存在するからこそ、言語活動は人間的なものとただちに同一化されることはありえないのである。そして、ラングとディスクール、あるいはエミール・バンヴェニストのいう「記号論的なもの」と「意味論的なもの」とのあいだには差異がみられるからこそ、歴史は存在するのであり、人間は歴史的存在なのである。

さらには、インファンティアというのは幼児心理学や考古人類学が想定しているようなクロノロジー的に言語活動に先行する心理的現実ではなくて、あくまでも超越論的な意味での経験であるというように規定したうえで、アガンベンはまたこうも述べている。「歴史にはじめてその空間を開くのは、インファンティアなのである。ラングとパロールのあいだの差異の超越論的経験なのである。このために、バベルすなわちエデンの純粋言語からの脱出とインファンティアの口ごもりへの入場は、歴史の超越論的起源なのだ。このために、歴史は語る存在としての人類の直線的時間にそった不断の進歩ではなく、その本質において、間隙であり、不連続であり、エポケーなのだ。インファンティアのうちにその本源的な祖国をもっているものは、インファンティアに向かって、そしてインファンティアをつうじて、旅しつづけていかなければならないのである」と。

ここには、歴史とはなにか、人間が歴史的存在であるというのはどのような意味においてであるのか、という問いかけをめぐって、ひとつの疑いもなく新しい答えが提示されている。インファンティアというのが、人間的なものと言語活動との閾ないしは境界線に位置する超越論的な意味においての経験であるとされていることとあわせて、特記に値する点ではないかとおもう。

ついで、クロード・レヴィ＝ストロースの生誕七〇年を記念して書かれたという論考「おもちゃの国」では、コッローディの小説『ピノッキオの冒険』に出てくる、遊戯以外にはなにも存在しない「おもちゃの国」でのばか騒ぎの話を糸口にして、まずは遊戯の機能が、それ自体儀礼とおなじく聖なるものの領域から生まれながらも、当の聖なるものの領域を転倒させてしまうことにあることが確認されたうえで、とくに遊び道具の本質に考察を進めて、遊び道具とは「純粋状態における〈歴史的なもの〉」であるとの主張がなされている。遊び道具は、かつては聖なるものの領域、あるいはまた実践的‐経済的な領域に属していたものを「おもちゃ」にしてしまうことによって、人間的な時間性それ自体、「かつては……であった」と「いまはもう……でない」とのあいだの「ずれ」それ自体を触知可能にするというのである。

そのうえで、儀礼と遊戯の関係をめぐってレヴィ＝ストロースが『野生の思考』においてこころみた「儀礼は出来事を構造に変形するのにたいして、遊戯は構造を出来事に変形する」という定式化に批判的検討をくわえて、「一方は通時態を共時態に変形することをめざしており、他方は逆の効果をめざしているのだとすれば、これら二つの傾向の駆け引きから最後に結果するもの、システム——人間社会——が生み出すものは、いずれにしても通時態と共時態とのあいだのずれであり、歴史、つまりは人間的時間である」との結論が導きだされている。

ここに見られるのも、ずれ、つまりは閾ないしは境界線に着目したところからの、歴史の起源へのアプローチである。岡田さんは、さきの解説「アガンベンへのもうひとつの扉」のなかで、西洋哲学を支配してきた二項対立的カテゴリーの再考ということがアガンベンの終始一貫したモティーフをなしているとするとともに、そのアガンベンのくわだてはいわゆる「脱構築」のそれとは厳密な意味で区別されなければならないとも指摘して、「アガンベンの眼差しは、意味作用の無限の繰り延べを引き起こす差異や遅延にではなくて、むしろカテゴリー的な思考が必然的に生み落としていく残余や、内でもあり外でもある(内でもなく外でもない)閾の方に向けられている」と述べている。だとすれば、この「閾からの思考」ということこそは、わたしもまたアガンベンについてかねてより強調してきたことにほかならないのであった(「閾からの思考――アガンベンと政治哲学の現在」『図書新聞』二〇〇二年二月一六日号を参照されたい。この論考は、その後、上村忠男『超越と横断――言説のヘテロトピアへ』未來社、二〇〇二年に収録してある。また、『現代思想』二〇〇六年六月号の特集《アガンベン――剝き出しの生》における田崎英明さんとの討議「言語と時の〈閾〉」も見られたい)。アガンベンという思想家は、なによりも「閾の思想家」なのだ。「おもちゃの国」は、「インファンティアと歴史」とともに、この「閾の思想家」としてのアガンベンの面目が歴史の起源にまつわる問題との関連のなかで遺憾なく発揮されたものといってよいだろう。

なお、掌篇「おとぎ話と歴史」は、プレセペ(プレゼピオ)というキリスト降誕の場面を象ったミニチュア細工について、それを魔法から目覚めて歴史に入る瞬間におけるおとぎ話の世界を描きだしたものととらえようとしたものである。これは「おもちゃの国」の付論としての位置にあるものとみてよい。

「時間と歴史」と題された論考は、歴史についてのあらゆる観念は一定の時間経験とともにあたえられるものである以上、「時間を変える」ことこそが真正な革命の本源的な任務であるにもかかわらず、史的唯物論はその歴史概念の高さに見合った時間概念を練りあげる機会を逸してきたとして、この視点に立ったところからのマルクス主義の再考をくわだてるべく、そのための予備的考察をこころみたものである。

そこではまず、時間とは点的瞬間の量化された無限の連続体であるとするクロノロジー的な時間概念がギリシアの古典古代(アリストテレス)からキリスト教をへて近代のヘーゲルにいたるまで西洋人の代表的な時間意識を支配してきたことが回顧されている。とともに、このようなクロノロジー的時間概念とは根本的に異なった時間概念が、西洋自体の内部においても、その文化的伝統の襞と影のなかにばらばらに散らばって横たわっているとして、とりわけその空間モデルがギリシアの古典古代におけるような円環でもなければキリスト教におけるような直線でもなくて、破線によって表象されるような時間経験を対置したグノーシスと、おなじく時間をなによりも決断が機会を捕まえ、瞬時にしてみずからの生を完遂するようなカイロスとしてとらえようとしたストアの、カイロロジー的な時間概念に注意が差し向けられる。また、おなじ問題関心から、現代思想のなかでは、ベンヤミンの『歴史哲学テーゼ』とハイデガーの『存在と時間』が、マルクスによって示された史的唯物論の歴史概念の高さに見合うような新しい時間概念への道を指し示したものとして高く評価されている。

分析は、なおも素描の域を出ていない。しかし、ここには、やがて二〇〇〇年の聖パウロ論『残りの時』(上村忠男訳、岩波書店、二〇〇五年)において全面的に展開されることになるモティーフのいくつかがすでに予示されているのを確認することができるはずである。

ところでまた、インファンティアといったような人間的なものと言語活動との閾ないしは境界線に着目したところから歴史の起源を探りだそうとするにあたっては、そのような閾ないしは境界線のありようをあるがままに映し出すことのできる方法が要求される。文献学の方法がそれであるとアガンベンはかんがえる。「君主とカエル」および「ある雑誌のための綱領」において提示されているのがそれである。

「君主とカエル」と題された論考では、ベンヤミンの論考「ボードレールにおける第二帝政期のパリ」をめぐって、テオドール・W・アドルノとベンヤミンの往復書簡のなかで交わされた批判と反批判の意味するところが検討にふされている。アドルノの眼には、ボードレールの詩についてのベンヤミンの分析は「葡萄酒に課される税からの葡萄酒の魂の直接的な導出」をくわだてようとしたものであって、それは弁証法における「媒介」の契機を欠如させた「俗流唯物論」的な構造と上部構造の関係についてのとらえ方以外のなにものでもないと映じた。しかし、このアドルノの見方に反論して、構造と上部構造の関係を因果的決定の関係でもなければ、弁証法的媒介の関係でもなく、実践における直接的同一の関係としてとらえようということこそがマルクスの意図したことであったのではないか、とアガンベンはいう。そして、このような観点に立ったところから、アドルノのようにまえもって「弁証法的な媒介と止揚」のようなものを用意することなく、あくまでも「事実的なものの青ざめた表象」に徹しようとしたベンヤミンの文献学的な方法が擁護されている。

また、最後に収められている「ある雑誌のための綱領」は、アガンベンが一九七四年から七六年にかけての時期、パリのオート＝ブルターニュ大学でイタリア語の講師をしていたころ、作家のイタロ・カルヴィーノと批評家・編集者のクラウディオ・ルガフィオーリとともに計画していた雑誌のための綱領として書かれたものであるというが(一九九六年に出版された詩論『イタリア的カテゴリー』の序文を参照)、そこでも、さきの論考「時間と歴史」において主張されているのを見たのとおなじく、「通俗的歴史主義の空虚な、連続した、量化された、無限の時間」に、「具体的な人間的経験の充実した、破砕された、不可分割の、完成された時間」を対置することの必要性が強調されている。そして、そのような時間概念に見合った歴史のとらえ方のモデルが探し求められるべきであるのは、歴史学においてではなく、「狭隘なアカデミックな観念の強要する限界」をうち破って、ベンヤミンのいう「事実的なものの青ざめた表象」に徹しつつ、そこから具体的な人間的経験をあるがままに取り出すことのできるような、新しい「文献学」においてであるとの主張がなされている。

このように方法としての文献学の意義がことのほか強調されているのも、『インファンティアと歴史』において特記に値するいまひとつの点といってよいだろう。

訳者あとがき

本書は、Giorgio Agamben, *Infanzia e storia. Distruzione dell'esperienza e origine della storia* (Nuova edizione accresciuta : Torino, Einaudi, 2001) の翻訳である。文中の〔 〕内の部分は、訳者による補足ないし注記である。

なお、本書では表題を便宜上『幼児期と歴史』とさせてもらった。しかし、著者は原著表題にある infanzia を「言葉を語らない状態」ないしは「言語活動をもたない状態」という意味で使用しており、その含意するところは「幼児期」よりも広い。

ただ、イタリア語でも、infanzia は、今日一般には「幼児期」の意味で用いられている。その一方で、ラテン語の infantia にあった「言葉を語らない状態」「無言」という元来の意味で用いられることはほとんどなくなってしまっているようである。著者はしばしば in-fanzia というようにハイフンを付しているが、これはこのような事情を考慮したものであろう。本書でもこの点を考慮して、本文中では「インファンティア」とラテン語ふうに表示することにした。

また、本文中に出てくる人名の多くはセカンドネームでしか表記されていない。しかし、日本の読者にさほど馴染みがないとおもわれるものにかんしては、できるかぎりフルネームで表記するよう心がけた。さらに、「おとぎ話と歴史」のなかに登場するサン・マルティーノ美術館所蔵の「クチニエッロ(cuciniello)」を著者は「クッチティエッロ(Cuccitiello)」と表記しているが、これは思い違いだとおもわれるので訂正しておいた。

本書の編集作業は、アガンベン『残りの時——パウロ講義』の翻訳の場合と同様、岩波書店編集部の中川和夫さんが担当してくださった。ご尽力に感謝する。

二〇〇六年一二月

上村忠男

■岩波オンデマンドブックス■

幼児期と歴史——経験の破壊と歴史の起源
ジョルジョ・アガンベン著

2007年1月26日　第1刷発行
2017年8月9日　オンデマンド版発行

訳　者　上村忠男《うえむらただお》

発行者　岡本　厚

発行所　株式会社　岩波書店
〒101-8002　東京都千代田区一ツ橋2-5-5
電話案内　03-5210-4000
http://www.iwanami.co.jp/

印刷／製本・法令印刷

ISBN 978-4-00-730647-1　Printed in Japan